我
COGITO
思

John Gribbin

SEVEN PILLARS OF SCIENCE

The Incredible Lightnes
of Ice, and Other
Scientific Surprises

科学的七大支柱

冰难以置信的轻
以及其他科学惊奇

（英）约翰·格里宾 著

钟远征 译

GUANGXI NORMAL UNIVERSITY PRESS
广西师范大学出版社
·桂林·

科学的七大支柱

KEXUE DE QI-DA ZHIZHU

策　　划：叶子@我思工作室
责任编辑：叶　子
封面设计：刘振东
内文制作：王璐怡

图书在版编目（CIP）数据

科学的七大支柱：冰难以置信的轻以及其他科学惊
奇 /（英）约翰·格里宾著；钟远征译. -- 桂林：广
西师范大学出版社, 2022.4
　　（我思万象）
书名原文：SEVEN PILLARS OF SCIENCE：The Incredible Lightness
of Ice, and Other Scientific Surprises
ISBN 978-7-5598-4792-8

I.①科… II.①约…②钟… III.①科学知识一普
及读物 IV.①Z228

中国版本图书馆 CIP 数据核字（2022）第 038723 号

广西师范大学出版社出版发行
（广西桂林市五里店路 9 号　邮政编码：541004）
网址：http://www.bbtpress.com
出版人：黄轩庄
全国新华书店经销
北京汇林印务有限公司印刷
（北京市大兴区黄村镇海鑫路9号　邮政编码：102611）
开本：850 mm × 1 168 mm　1/32
印张：5.5　　　　　　字数：80 千字
2022 年 4 月第 1 版　　2022 年 4 月第 1 次印刷
定价：48.00 元

如发现印装质量问题，影响阅读，请与出版社发行部门联系调换。

智慧建造房屋，凿成七根柱子。

——《圣经·箴言》9:1

致　谢

　　我很感谢阿尔弗雷德·C.芒格基金会在此书写作过程中提供的资金支持，也感谢苏塞克斯大学提供的研究基地和设施。

　　就像我所有的书一样，玛丽·格里宾确保我不会误入那让人感到扑朔迷离的灌木丛。而那些仍将造成困惑的，都应归于我自己。

CONTENTS

目　录

前言 智慧七柱

J. B. S. 霍尔丹[1]出色地描述了接受科学思想的四个阶段：

i）简直一派胡言；

ii）这是一个有趣但有悖常理的观点；

iii）确实如此，但是无关紧要；

iv）我一直都是这么说的。

---

1 J. B. S. 霍尔丹（J. B. S. Haldane，1892—1964），英国遗传学家、生物学家、生理学家，著名科普作家。译者注。

我审视科学史的次数越多，观察科学历程的时间越长，就越觉得这些话说得真切。回望历史，我们很容易看到，那些曾令人无法容忍的想法，如何成为公认的真理。比起那些认为地球是平面的傻瓜，我们很容易有一种优越感。即便在我有生之年，也见过一些曾被视为疯狂的猜想——包括关于宇宙起源的大爆炸理论和量子实体的非定域性——成为公认的智慧以及科学的支柱。而另一些更多是"常识性"的观念——稳态理论：一地发生的事情不能瞬时对遥远的某处发生的事情造成影响——已经被废弃了。科学的运行机制，就如科学本身一样引人入胜。为了证明这一点，我挑选了七个例子，每个例子在其时代都是耸人听闻的，但它们要么已经成为科学智慧的支柱，要么正在顺利走过霍尔丹所说的四个接受阶段。为了把自己限制在这七个方面，我需要一些统摄的主题将它们联系起来，而我选择了宇宙的诸种特性，这些特性与我们自身的存在以及别处生命的可能性密切相关。毕竟，对我们人类而言，这才是科学最重要的方面。

　　这些例子，有的已经成为科学的支柱，有的可能还处于其早期阶段——至于究竟分别是哪种情况，我交由读者们来作出判断。尽管它们于其时代都是耸人听闻的，甚至有些观点在今日仍然如此，但科学发展的一个关键特征恰恰是：愿意去思考那些不可想象的东西，且更为关键的是，去检验那些观点，查明它们是否对现实世界做出了绝佳的描述。不过，有些观点是无法被归类的，根据你的个人观点，它们可能会被分配到霍尔丹所说的任何一个阶段。在这些观点之中，最大的一个问题是困扰哲学家良久的问题，它比我们口中的科学存在的时间还要长久，而我将以之作为这本书的起始和结尾——我们在宇宙中是孤独的吗？

约翰·格里宾

2019 年 11 月

序　章

别处的世界：或许我们并不孤独

地球是圆的，在宇宙空间中运行。这是人类几百年前才戏剧性地达成的共识。它与常识如此背道而驰，以至于有些人仍然无法接受。你可能不是这些人中的一员，但你之所以接受这个故事，只是因为小时候被告知如此，而且"每个人都知道"。是这样的吗？或者你有没有停下来想一想，自日常经验看来，这是一个多么疯狂的想法，并进而考虑其证据何在呢？

　　要想知道地球是平的这个想法有多么合理，以及地球是圆的这一认识有多么耸人听闻，我们可以回顾一下公元前 5 世纪希腊雅典的哲学家阿那克萨戈拉。此人绝非平庸之辈。他根据当时最好的证据进行推理，鉴于那些事实，其推理正确无疑，但结论却被证明是错误的。然而，更为重要的却是这样一种事实，即他试图将太阳理解为一个物质性的实体，而且受制于地球上事物遵循的同样的规律。他并没有把太阳当作一种超出了人类理解的超自然现象。

　　引发阿那克萨戈拉猜想的导火索是一颗坠落在埃戈斯波塔米（Aegospotami）的陨石。这块陨石如此炽热，所以他推断它一定来自太阳。陨石含有铁，他进而推断，太阳一定是由铁构成的——一个移动于天际的炽热的铁球。自当时的知识状况来看，这一切都是完全合乎逻辑的。但由此引发了两个有趣的问题——那颗炽热的铁球究竟有多大,它在距地表多高的地方移动?阿那克萨戈拉开始着手回答这些问题。

阿那克萨戈拉说不上是一个旅行者,但他对一些人的描述有所耳闻,他们去过尼罗河三角洲,以及更远的尼罗河上游。那些描述提到,在夏至中午("最长的一天"),太阳正垂直地照在现今阿斯旺大坝附近的一座叫赛依尼[1]的城市。如果你可能在别的语境中遇到了这么一点信息,那么请准备好迎接一个惊喜。阿那克萨戈拉知道,在最长的这一天的中午,太阳与尼罗河三角洲的垂直面成 7 度角,他也知道从三角洲到赛依尼的距离。有了这些信息,且假设地球是平的,阿那克萨戈拉运用直角三角形的几何学轻而易举地计算出,夏至中午的太阳距赛依尼居民头顶约 4000 英里[2](以现代单位计量)。因为太阳在天空中覆盖了大约半个弧形(和月亮一样,这是超出本书范围的一个戏剧性的巧合),三角形的几何学就使他得出,太阳大概有 35 英里宽,和希腊南部的伯罗奔尼撒半岛

---

1 赛依尼(Syene),埃及的阿斯旺的旧称。译者注。
2 1 英里约 1609 米。4000 英里约 6437 千米。编注。

差不多大小。

　　太阳是一个自然事物的说法，震惊了阿那克萨戈拉的同胞们，以至于他因异端言论被捕并被永远驱逐出家乡雅典。两千多年后，直到 17 世纪，另一位试图将太阳解释为自然现象的思想家伽利略，也被指控为异端。

　　但就在阿那克萨戈拉之后的几百年，另一位希腊哲学家埃拉托色尼[1]使用完全相同的数据进行了一个略有不同的计算。你或许听过这个版本的故事。埃拉托色尼假设地球是球形的，并猜测太阳离地球如此之远，以至于太阳发出的光线是沿着平行线到达地球的。根据这一假设，在尼罗河三角洲测得的垂线外 7 度角与从地球中心测得的从三角洲到赛依尼的距离在地球表面所对应的角度相同（见下文图表）。这使得计算地球半径成为可能。因为角度一样，答案也是一样的——4000 英里。但它现在被解释为地球的半径，而不是太阳和地球的距离。因为埃拉托色尼是"正确的"，他的版本被记入教科书和通俗的故事中，而阿那克萨

1　埃拉托色尼（Eratosthenes，前 276—前 194），古希腊天文学家、数学家和地理学家。译者注。

戈拉就被忽视了。但这件事的意义不在于谁对谁错。好的理论有其基础，并根据可靠的证据做出可被检验的预测。如果理论通过了这些测试，它将继续被使用；如果它没有通过这些测试，就将被拒绝。综合起来，希腊哲学家的两个理论（严格说来是假说，但我不会计较措辞）告诉我们，要么地球是平的，太阳距其约4000英里；要么地球是一个半径约4000英里的球，太阳处在一个遥远但未知的距离。后来的观察和测量，才使我们有可能决定哪一个更能描述真实的世界。

这个故事还有令人警惕的方面。即使一个激进而富于远见的思想家，在寻求真理的过程中敢于直面当时的权威，也无法摆脱地球是平的这一先入之见。但阿那克萨戈拉却从未考虑过其他选择。科学史上充满了类似令人遗憾的观点，它们虽建构于无可挑剔的逻辑并且完全准确，但却是基于对某些被事实证明完全不真实的东西的未经反思的信念。科学不应是关于信念的，而应关乎对深信不疑的信念的怀疑。但这并不是说，这总能让生活归于平静，正如乔尔丹诺·布鲁诺付出沉痛代价所发现的那样。请注意，布鲁诺似乎是特意和自己的生活过不去，而不仅仅是为了追求科学。

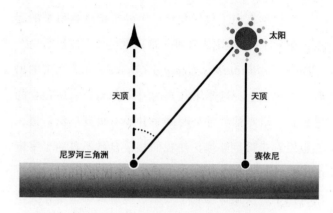

假设地球是平的，很容易计算地日之间的距离

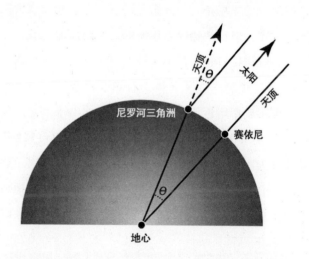

假设地球是圆的，同样的观测结果会告诉我们地球的半径

历史学家们（包括我自己）经常把现代科学的起点追溯到 1543 年尼古拉斯·哥白尼的《天体运行论》（*De Revolutionibus Orbium Coelestium*）一书的出版。但事实上，这本书在当时并不轰动；它所包含的思想在一百年的大部分时间里并没有得到广泛传播，它也没有走得足够远，使我们相信自己不再居于宇宙的中心。哥白尼保留了宇宙有一个固定中心的观点，但将此中心从地球移到了太阳。他解释了恒星在天空中的明显运动是由于地球自转引起的，但保留了恒星和行星是固定围绕太阳运转的固体球体的观点。他最"异端"的立场是，地球也是一颗行星，每年绕太阳运行一次，但这是他的思想所能达至的最远处了。

布鲁诺接过哥白尼的天体，继续前行。布鲁诺于 1548 年，也就是在《天体运行论》出版五年后，出生于那不勒斯附近，接受洗礼时被命名为菲利波。他 17 岁时加入多明我会，取名乔尔丹诺，并于 1572 年被任命为牧师。因为布鲁诺思想自由，喜欢禁书（或至少是有争议的书），所以很快就遇到了麻烦。他似乎因为信奉阿里乌斯教 [1] 而陷入了特别的困境——阿

1　阿里乌斯教（Arianism），亚历山大神学家阿里乌斯（Arius）的教义，认为耶稣不是神，但比凡人高超。译者注。

里乌斯教认为，耶稣居于人与神之间，这使其成为神圣的但不同于神的存在。当情势变得紧张时，他逃离那不勒斯，脱下了他的牧师服，开始了持续的漂泊生涯，去了日内瓦、里昂和图卢兹等地。在图卢兹，布鲁诺获得了神学博士学位并讲授哲学。1581 年，他搬到了巴黎，在国王亨利三世庇护下得享安稳，并出版了几部作品。

1583 年，布鲁诺带着法国国王的推荐信去了英国，在伊丽莎白时代的宫廷圈子里，他遇到了像菲利普·西德尼[1]和（或许是）约翰·迪伊[2]这样的名人。尽管他在牛津大学做了一些关于哥白尼宇宙模型的讲座，却未能获得一个职位。在牛津，他那引发争议的观点受到了当时林肯学院校长、后来的坎特伯雷大主教约翰·安德希尔（John Underhill）的嘲笑。后者嘲笑布鲁诺支持"哥白尼的观点，认为地球在转动，而天静止不动；但事实上是他自己的头在转来转去，他的脑子也不安分"[3]。不过，看来是布鲁诺的个性

1　菲利普·西德尼（Philip Sidney，1554—1586），文艺复兴时期英国杰出的诗人和学者。译者注。
2　约翰·迪伊（John Dee，1527—1608），英国数学家、天文学家、占星学家。译者注。
3　参见：Andrew Weiner, https://www.jstor.org/stable/437245。

和他的授课内容使身在牛津的他不受人待见。他似乎很傲慢，不愿意在那些被他视为愚蠢的人身上浪费时间，甚至还设法怠慢那些与他观点相同的人。

但以上所说还不到布鲁诺计划的一半。1584 年，他发表了一系列"对话"中的两篇，并在其中支持哥白尼的宇宙学说。时至 1588 年，他写道，宇宙是"无穷的……无尽的和无限的"。那么恒星是什么呢？把布鲁诺在不同地方所表达的观点综合起来，就会发现他第一个认为恒星就像是"其他的太阳"，也可以像太阳一样拥有自己的行星家族。他说，这些其他的世界"所拥有的美德和自然，不亚于我们的地球"，因此它们也可以"容纳动物和居民"。

这种观点足以使他进一步与罗马天主教权威发生冲突，而布鲁诺有时的确被视为科学的殉道者。但他与教权的纠葛如此之深，以至于这些信仰实际上不过是他晚年生活和命运故事的一个注脚。1585 年，由于英法两国政治局势恶化，布鲁诺回到巴黎，又去了德国和布拉格，后来他获得了被路德派逐出教会的殊荣（当时他已经与天主教权威交恶）。1591 年，他有机会回到意大利，起初去了帕多瓦，希望得到一个教授职位。然而，这个职位选择了伽利略，他于是

乔尔丹诺·布鲁诺

又搬到意大利城邦中最自由的威尼斯。结果，自由之都的生活却没有那么自由。1592 年 5 月 22 日，布鲁诺被捕，被控犯有亵渎和异端罪，他对多元世界的信仰只是在其传唤书中列出的众多案证之一。他原本可能以相对较轻的刑罚而结案，但宗教裁判所要求将他移交罗马处理，威尼斯当局也最终屈服于压力，在 1593 年 2 月将他移交罗马。

对布鲁诺的审判断断续续地拉扯了 7 年，这期间他被囚禁在罗马。许多与审判有关的文件都丢失了，但对他的指控不仅包括粗俗的亵渎和异端，还包括不道德行为。具体的指控被认为包括反对三位一体和基督神性的言论和写作，以及对圣母马利亚的贞洁的质疑。他还提出了一个令人震惊的建议：基督教会的不同分支应该和谐相处并尊重彼此的观点。在宗教裁判所看来，这些罪行要远甚于对世界多样性的猜测，虽然话说回来，后一罪行也被列入了案榜。[1] 与通常的异端分子一样，布鲁诺最终得到了放弃信仰的机会，但被他拒绝了。1600 年 1 月 20 日，教皇克莱门特八世正式宣布他为异端。据称，他在被判刑时对法官做

1　可以说，如果不是布鲁诺，教会可能不会对哥白尼如此着迷——后者的书在 1616 年才被列为禁书，并一直持续到 1835 年。

出威胁的手势；1600 年 2 月 17 日，布鲁诺首先被封住了嘴，以防止旁观者听到任何异端的遗言，而后被烧死在木桩上。因此，以下只是一些他的有待考证的遗言，借以展示他思想的广度：

> 正如亚里士多德所教导的，没有绝对的上和下；空间中没有绝对的位置。一个物体的位置是相对于其他物体的位置而言的。在整个宇宙中，任何地方的位置都有不断的相对变化，而观察者总是处于事物的中心。

尽管人们很快认识到，这些恒星其实就相当于太阳——在为数不多的几个人中，艾萨克·牛顿就试图通过假设恒星的亮度与太阳大致相同来估算诸恒星之间的距离，但直至 19 世纪 40 年代，天文学家们才能够利用地球绕其轨道运行时邻近恒星相对于遥远恒星的位置偏移，直接运用视差几何的技术测量其中的一些距离。晚到 20 世纪，其他相关技术才使宇宙间遥远距离的测量成为可能，而最终在 30 年代前后使无限宇宙变为令人敬畏的观念。但即便如此，认为恒星可能有自己的行星家族的想法仍然是纯粹的猜测。

这种境况在 1995 年发生了变化。人类发现了一颗有围绕它自身运行的行星的恒星，将之命名为 51 号佩加西（51 Pegasi）。这一发现得自于对围绕恒星运转的行星的引力所引发的恒星抖动的分析。这些测量之所以可能进行，是因为抖动导致恒星光谱线的微小偏移 [1]，这一过程就是广为人知的多普勒效应。得出测量结果是相对容易的，因为所测行星非常大，轨道距恒星也相当近，因此有相对较大的引力影响。这些都不是在天文学家们料想之中的。

在我们的太阳系中，有四颗小的岩石行星（很像地球）在靠近太阳的内区域（inner region）运行，还有四个大的气态行星（非常近似于木星）加上各种小碎片在它们的外区运行，冥王星就是其中之一。在没有其他信息的情况下，天文学家猜测其他行星系统也可能类似于太阳系。但是被发现围绕 51 号佩加西运行的行星却非常之大，而且轨道非常接近它的恒星。它被称为"热木星" [2]，质量比太阳系中最大的行星

1　恒星光谱学是后面将讨论的科学支柱之一。
2　热木星（Hot Jupiter），指公转轨道极为接近其宿主恒星的类木行星。编注。

木星的质量大一半以上，而且它围绕佩加西运行的距离只有太阳系最内层的水星距离太阳的十分之一。我们从中学到的第一课是，不可根据一个例子而以偏概全！太阳系显然不是宇宙中唯一的行星系统，甚至可能是一个不寻常的系统。由此推论，不应假设地球是一颗典型的行星；我们稍后将对此进行更多讨论。

自1995年以来，人们发现了更多的"太阳系外"的行星系统，其中有许多藏匿着热木星，而且现在已知它们有多个，以各种各样的形态围绕着中心恒星运转。"新"行星的发现不再是新闻，更不用说头条新闻了，除非这是新闻媒体喜欢称之为"类地球"的行星。但要提防这类头条新闻。他们的意思无非是，这颗行星可能是岩石质的，质量是地球的几倍而已；它和地球一般大小，却不是像地球一样。为了澄清两者之间的区别，我们只需看看我们在太阳系中最近的邻居金星，它的轨道比我们更接近太阳。金星的大小和地球几乎完全一样。它是多岩石的，总体上是一个更好的行星，比媒体上鼓吹的任何一颗太阳系外行星都更像地球。金星与地球有相似的大小、质量、密度和表面重力，但是它表面的温度是462℃，热到足以熔化铅。这种温度并不是因为金星比我们更靠近太阳，而是由于它厚厚的二氧化碳大气层产生了强烈的温室效应。金星表面的大气压是地球表面气压的 92 倍，相当于我们海洋表面下一公里处的压强。

这使我们回到布鲁诺和他的启示：有许多行星上居住着许多生命形式，包括人类在内。这样的行星有很多。每一颗类似太阳的恒星，甚至每一颗恒星，都可能有一个行星家族。所以，我们不必太过悲观。我们的家乡星系"银河系"，像宇宙中的一座岛屿，其中有数千亿恒星。即使宇宙之中只有一小部分星系拥有像我们太阳系这样的行星系统，即使其中只有一小部分系统中至少有一颗行星比金星更像地球，在我们考虑更多奇异的可能性之前，像我们这样的生命形式就可能有数百万个潜在的家园。1000 亿的 1% 毕竟是 10 亿，10 亿的 1% 是 1000 万。行星，甚至像地球这样的行星，在宇宙中是很常见的。也许我们并不孤单，生命的家园或许只是平常事。但是生命本身呢？我们是怎么来的？答案取决于关于宇宙运行方式的七个惊人的发现——七大科学支柱支撑了我们的存在，以及宇宙中其他生命的可能存在。

支柱一

固体几乎是虚空

固态物质是虚空的。尽管这是一个经常被引用的关于世界的非常识性的说法，如果你停下来想一想，它仍然会让你大脑短路。像我正在打字的"固体"键盘和正在打字的手指都是由微小粒子组成的，这些粒子在相对巨大的空间中扩散开，通过电场聚集在一起。这是一个如此重要和令人兴奋的观念，理查德·费曼说这是科学发现的关于世界的最重要的事实。和其他诸多话题的探讨一样，这里值得一字不差地引用他的话：

> 假设在一场大灾难中，所有的科学知识都被摧毁了，只有一句话会传给下一代的生命，哪句话能用最少的词来表达最多的信息？我相信它是原子假说（或原子事实，或任何你想要的叫法），即所有的东西都是由原子组成的——永恒运动的微粒子相隔一小段距离就会互相吸引，在相互挤压时便彼此排斥。在这一句话中你会看到，只要运用一点想象力和思考，就能获

得关于世界的大量的信息。[1]

然而，很少有物理学家拥有费曼那样的想象力（或者说物理洞察力会更好）和思维能力。尽管原子的概念早就提出来了，但是关于世界是否真的由这样的粒子组成的争论直到 20 世纪初才得到解决。

关于原子理论（或任何你想要的叫法）的流行说法，通常始自对德谟克利特和伊壁鸠鲁的认同。前者生活在公元前 5 世纪，后者大约生活在公元前 342 年到公元前 271 年间。但是他们关于微小物体在"虚空"中移动并相互作用的观点，从来都只是少数人的立场，受到了来自亚里士多德等拒绝虚空概念的哲学家们的嘲笑。直到 1649 年，皮埃尔·伽桑迪[2] 才重提这个观点，并指出原子有不同的形状，可以通过一种钩孔机制（hook-and-eye mechnism）连接在一起。他强调，各个原子的间隙中根本没有任何东西。这肇始了一场持续了两百多年的辩论。其中一方以艾萨克·牛顿为

---

1 参见理查德·费曼（Richard Feynman）：《物理的精髓》（*Six Easy Pieces*），Basic Books 出版社，第四修订版，2011 年 4 月 7 日。
2 皮埃尔·伽桑迪（Pierre Gassendi，1592—1655），法国哲学家，科学史家。译者注。

代表，我们或可称其为牛顿学派，他们支持原子假说；另一方是笛卡尔学派，以勒内·笛卡尔为代表，笛卡尔憎恶虚空或真空的观念。事态在19世纪达到了顶点。

从19世纪50年代起，化学家们在约翰·道尔顿早期工作的基础上，越来越多地接受了原子的观念：不同元素的原子具有不同的重量，并结合在一起形成分子，例如水分子就被认为是两个氢原子和一个氧原子的组合。相较于氢原子，他们可以测量不同元素的原子重量（严格地说，是质量），而氢是最轻的元素。他们甚至能够计算出在任何元素的样品中含有多少个粒子（原子或分子），这些元素的原子（或分子）重量是以克计算的——1克氢，12克碳，16克氧，等等。每个这样的样品中都含有相同数量的粒子。这个庞大的数字后来被称为阿伏伽德罗常数，因为阿伏伽德罗率先提出了数字背后的理论。但在我讨论这个数字有多大之前，应该先一步阐明反对这些观念的理由，它们甚至在20世纪初还一直存在，这也突显了原子的观念有多么耸人听闻。

反对意见来自物理学家和哲学家，他们指出，大量微小粒子在空旷的空间中运动，相互弹跳，并按照艾萨克·牛顿所阐明的运动定律快乐地前进，这一观念中含有致命的缺陷。牛顿诸定律的相对性在于，它们都是可逆的。强调这一点的典型方式是思考两个台球的碰撞。例如，一个球自左边移动，碰到一个静止的球并停下来，而另一个球移到右边。如果将这个事件拍成电影倒过来播放，看起来仍是毫无问题的。一个球会从右边移入，与一个静止的球相撞并停止，而另一个球则移向了左边。虽说牛顿定律不包含"时间之箭"，但现实世界确实有一个时间的方向。如果我们现在想象，主球击打一堆台球，使它们扩散开来，那么这种情况却是不可逆的，即使这些球之间的每次碰撞都遵循牛顿定律。"把这部电影倒放"会产生一个日常生活中从未有过的场景——球从四面八方飞来，碰撞并落在一个整齐的阵列中，而只有一个球朝球杆飞去。

日常世界的不可逆性是由 19 世纪的科学家们用热的概念（热力学）来表达的。他们指出，热量总是从较热的物体流向较冷的物体。一块冰块放在一杯温水中，从水中得到热量并融化；相反我们从来没有看到玻璃杯中的水自发地变暖，与此同时一个个冰块在其中形成。但这种场景和"逆转"的台球击发，却是完全被牛顿定律所允许的。19 世纪热力学家们的初步结论是，微小粒子在事实上不可能是根据这些定律而四处弹跳的。但是后来，这一困境得到了解决。

至少有三位伟大的思想家独立地找到了解决方案。他们认识到大量服从牛顿定律相互作用的粒子的行为必须用统计术语加以描述，并且提出了计算大量粒子行为的方程式，这就是所谓的统计力学定律。它以严格的数学方式告诉我们，尽管物理定律中没有任何方面可以阻止冰块在温水中形成，但这样的事件极不可能发生，而且只会在非常非常长的时间内发生一次——如果你知道有多少粒子参与其中，这个时间是可以计算出来的。[1]最先理解这一点并找出统计力学的规律的有两位科学家，他们却互不了解对方的工作，而这一点是可以被原谅的。路德维希·玻尔兹曼在欧洲工作，而威拉德·吉布斯[2]在美国工作，即便在 19世纪初，科学思想穿越大西洋也要花上一段时间。统计力学的第三个发明者（或发现者）却没有那么多借口，尤其是因为他来得晚了一些。但众所周知这个人

---

1 你坐定去看那杯水的时间必须要远远超过宇宙现在的年龄，才有可能看到一个冰块的形成。
2 威拉德·吉布斯（Willard Gibbs，1839—1903），美国物理化学家、数学物理学家。他奠定了化学热力学的基础，创立了向量分析并将其引入数学物理之中。译者注。

懒得跟上别人的步伐，他更喜欢自己解决所有问题。他的名字叫阿尔伯特·爱因斯坦。在 20 世纪初，他开始着手寻找"尽可能保证确定大小的原子存在"[1]的证据，这说明物质的原子理论还未能建立起来。爱因斯坦版本的统计力学出现于他在 1902 年至 1904 年间发表的一系列非同寻常的论文中——如果他是第一个提出者的话，这些论文本已可以让他尽享科学的声望。但在 1905 年，抛却其他不讲，他还发表了一篇科学论文，这篇论文最终向所有人（少数顽固的哲学家除外）确立了原子和分子的真实性。它也更容易被非数学家们掌握，由此我将把统计力学放在一边，把重点放在物理学上。

物理学回到了一个古老的工作上，爱因斯坦对此至少是有意识的，但只是以一种模糊的方式有所觉察。这并不是他自己工作的出发点，因为他再一次从基本原理出发，试图计算出悬浮在液体（例如一杯水）中的一小块物质（例如尘埃颗粒），在受到来自四面八方的原子和分子的撞击时将如何移动。早在 19 世纪

1　引自阿尔伯特·爱因斯坦：《自传笔记》（*Autobiographical Notes*），施利普（P. A. Schilpp）编，伊利诺伊州：Open Court 出版社，1979 年。

20 年代，苏格兰植物学家罗伯特·布朗就对这种运动进行了研究。他的兴趣来源于用显微镜观察到花粉粒在水中抖动般地舞动，就像在原地奔跑一样。当时的自然解释是，花粉粒是活的，在自己的蒸发下运动。但布朗通过观察水中磨碎的玻璃和花岗岩的颗粒来测试这一点，并且发现它们也以同样的方式舞动。这就确定了这种舞蹈与物体是否有生命毫无关系，它后来被称为布朗运动。

爱因斯坦开始着手计算原子和分子如何使无生命的尘埃颗粒在液体中移动，但这种计算是由下而上，而非由上而下的。在他 1905 年发表的关于这个问题的论文的第一段中，他说道：

> 这里要讨论的运动可能与所谓的布朗分子运动相同；然而，关于后者可获得的数据是如此不精确，以至于我无法对这个问题作出判断。

"可获得的数据"之所以"如此不精确"，是因为他懒得费心去查；而且肯定有人强烈怀疑，这句话是在某个朋友读了他的论文草稿，并向他指出了和布朗运动的联系之后才加上去的。但不管爱因斯坦的动机是什么，他以一种天才式的洞见解释了布朗运动，而且让你不禁困惑，为何没有人做过这样的思考，并通过计算给实验者一些可以检验的东西。

爱因斯坦意识到，无论是大到可以在现代显微镜下看到的粒子——花粉等颗粒，还是磨碎的玻璃——实在太小了，都无法在单个原子或分子的撞击下被观察到明显的移动。但在液体中，这样的粒子不断地受到大量分子和原子的撞击。这种撞击不可能是完全均匀的。在任何时刻，一面受到的冲击更多，另一方受到较少的冲击，粒子会朝着撞击较少的方向移动一点。但是平衡会随之改变，它又会被推向一个不同的方向。总的效果是，它会抖动，并不是说在原地跑，而是沿着一条之字形的路径慢跑，并逐渐远离起点。这条路径现在被称为随机行走，这是爱因斯坦的关键见解。

爱因斯坦证明，无论粒子从何处开始，它离开该点的距离取决于所经过时间的平方根。因此，如果它在 1 秒钟内移动了一定距离，它将在 4 秒钟内移动 2 倍的距离（因为 2 是 4 的平方根），在 16 秒钟内移动 4 倍的距离，依此类推。但它不会一直朝着同一个方向发展。4 秒钟后，距离是原来的 2 倍，但方向是随机的、不可预测的；16秒钟后，距离是原来的4倍。这被称为"均方根"位移，实验者也能够检验这个预测。根据其他研究的阿伏伽德罗常数，爱因斯坦得出结论，在17℃的水中，直径为0.001毫米的粒子在一分钟内会从其起始点移动百万分之六米。阿伏伽德罗常数——在以克为单位计量的物质分子重量中的分子数——的现代计算，等于$6.022140857 \times 10^{23}$，或者大约是一个6后面加上23个零。这就给了你一些启示，为什么物质的统计行为压倒了单个可逆的相互作用，产生了诸如冰块融化和布朗运动之类的效应。[1]正如爱因斯坦所总结的：

> 如果对这一运动的预测被证明是错误的，就将构成反对分子热动力学观念的影响深远的论据。

当然，这一预测并没有被证明是错误的，而是被

1　如果你还担心那些台球的电影倒放的话：为了让躺在桌子上的一组静态的球开始移动并一起组成一个阵列，桌子的材料在向球释放能量的过程中必须冷却，就像冰向杯子里的水释放能量一样。这并非绝无可能，却又极不可能，因为桌子上有大量的粒子必须一起工作，而不是只有相对较少的台球必须一起工作。

视为原子和分子存在的确凿证据。而且还有更多的证据——甚至比爱因斯坦在 1905 年意识到的还要多。

爱因斯坦所提到的分子热动力学理论，解释了日常事物的固态、液态或气态的划分。气体是诸原子在虚空中运动的典型例子，它们之间没有任何东西。液体被认为是一个原子（或分子）的集合，它们之间没有空隙，彼此相对自由地滑动。在固体中，粒子牢固地排列在一个阵列中，彼此接触，原子或分子之间也没有空隙。那我为什么要说我的键盘和手指几乎是虚空的空间呢？这是一个非常耸人听闻的发现，它是曼彻斯特的研究人员在 20 世纪头一个十年快结束时，也就是一百多年前发现的。

真正做相关实验的人是汉斯·盖革[1]和欧内斯特·马斯登[2]，他们在欧内斯特·卢瑟福（Ernest Rutherford）的监督下工作。卢瑟福是当时物理学发展的关键人物之一。他来自新西兰，19 世纪 90 年代在英国剑桥工作，研究新发现的 X 射线的特性，而

1　汉斯·盖革（Hans Geiger，1882—1945），德国物理学家，发明了盖革计数器。译者注。
2　欧内斯特·马斯登（Ernest Marsden，1889—1970），英裔新西兰物理学家，卢瑟福散射实验的重要参与者之一。译者注。

后于 1898 年转到蒙特利尔的麦吉尔大学，在那里他研究了当时的另一个重大发现——放射性。1907 年，卢瑟福在曼彻斯特定居。在一年内，他的团队就确定了这种辐射的一种形式，它被称为 α 辐射，实际上这是一股粒子流，每一种粒子都与一个失去了两个单位的负电荷（我们现在知道是两个电子）氦原子相同。因为这使得剥离的氦原子（也称 α 粒子）带有两个单位的正电荷，它们可以被电场和磁场操纵，引导成束并加速；这一迹象表明，在 20 世纪的第一个十年里，物理学的发展有多快。时至 1909 年，曼彻斯特团队已经在使用由天然放射性产生并以此种方式得到操控的 α 粒子，去探测物质的结构。

当时，原子理论的拥护者们认为，原子是由带正电的物质和带负电的物质组成的球，而嵌入球中的带电电子，就如同嵌入西瓜中的种子或嵌入李子布丁中的李子一般（这个模型是由 J.J. 汤姆逊发展的，他早期在剑桥曾是卢瑟福的导师，被认为是电子的发现者）。卢瑟福和盖革一直在通过金箔薄片发射 α 粒子，并监测它们在行进途中如何偏转。穿过金属箔的 α 粒子被放置在另一边的闪烁屏检测到，在那里它们发出微弱的闪光。[1]盖革有一个很有前途的学生叫马斯登，他想激励这名学生，卢瑟福也建议马斯登可以去观测是否有任何 α 粒子被金属箔反射。但没有人期望马斯登会看到很多东西。这是一种无聊的，可能是毫无意义的工作，意在给学生提供运作实验的经验。但令马登斯惊讶的是，他看到了探测器屏幕上频率超过每秒一次的闪光。许多 α 粒子都以某种方式被反射，要么大角度偏转到一边，要么几乎照着原来的路径被弹回。正如卢瑟福后来所说："这就好像你朝一张纸巾发射了一枚 15 英寸的炮弹，它又弹回来打你。"然而，对于在进行的实验，没有人表现出灵光一现的洞见。

卢瑟福的第一个想法是，在汤姆森的"李子布丁"的深处可能有一个负电荷的聚集。它将吸引带正电荷和快速移动的 α 粒子，使它们围绕负电荷旋转，然后回到它们由之而来的方向，一如彗星被太阳引力吸引，在返回外层空间之前绕着后者旋转。而后，经过一系列仔细的实验，他想出了一个更好的主意，这个主意更紧密地符合各种闪烁的模式。在原子的中心（现在称为原子核）一定聚集着正电荷，其周围环绕

1　这不是著名的盖革计数器，但此处的盖革是指同一人。

欧内斯特·卢瑟福
美国国会图书馆／科学图片库提供图片

着一团关联于电子的大得多的负电荷云。大多数 α 粒子穿过电子云继续前进，但直接击中原子核的相对较少的粒子被其正电荷反射并弹回。1911 年，卢瑟福利用实验的统计数据得出结论：原子核的大小不到原子的十万分之一，实验中几千个 α 粒子中仅有一个受到这种影响。在曼彻斯特举行的一次科学会议上，卢瑟福宣布在原子中心发现了电荷的聚集，并于 1911 年 5 月发表了这一发现。但直到 1912 年，他才坚定地支持带正电的原子核这一观念。为什么带负电的电子没有全部落入带正电的原子核中？对这一问题的解释必须等待量子理论的发展。但从那一刻起，人们已不再质疑原子几乎是空的观念，并且很快将清楚地看到，α 粒子实际上就是氦核。

现代测量表明，原子核的直径范围从氢（最轻的元素）的 1.7 飞米（1.7566×10^{-15} 米）到铀（最重的自然元素）的 12 飞米。原子的直径在 0.1 到 0.5 纳米（1×10^{-10} 米到 5×10^{-10} 米）之间，因此原子和原子核的相对大小与卢瑟福的早期估算非常一致。

对于不熟悉这些微小数字的人来说，原子的虚空可以被更形象地描绘出来。如果原子核有一粒沙子那么大，那么一个原子就有阿尔伯特音乐厅[1]的大厅那么大。非常粗略地说，一个原子和一个原子核的大小之差，也相当于你的一个细胞和你身体大小的差别。而对于体育迷来说，如果原子核有高尔夫球那么大，那么一个原子的直径约为 2.5 公里。这样一来你该明白了。正是在微小原子核周围那几乎虚空的空间中运作的电场力，才使原子粘在一起形成"坚固的"物体成为可能。也正是原子核周围云中电子的行为，使我们有可能弄清楚恒星是由什么构成的。

1　指伦敦的皇家阿尔伯特音乐厅（Royal Albert Hall），可容纳 5000 多人。编注。

支柱二

恒星就是太阳，我们知道它们的构成

1835 年，哲学家奥古斯特·孔德写道："没有一种可想象的方法足以让我们有一天能确定恒星的化学成分。"1859 年，普鲁士科学院在一篇论文中提出了一种测定恒星化学成分的技术。将这两件事放在一起，凸显了后者是一个多么惊人的意外，虽然 1859 年的论文远非故事的结尾。

这个故事实际上始于 1802 年，孔德对此是无知无觉的。当时，英国医生兼物理学家威廉·海德·沃拉斯顿[1]正在研究太阳光的光谱——当太阳光穿过三棱镜就被展开为彩虹的图案，他注意到图案被一些暗线打断了，其中两条在光谱的红色部分，三条在绿色区域，四条在蓝色端。他认为这些只是颜色之间的间隙，所以并没有跟进这一发现。1814 年，德国工业科学家约瑟夫·冯·夫朗禾费[2]在做实验去提高透镜和棱镜所用的玻璃质量时，也独自完成了同样的发现。他首先注意到与沃拉斯顿所发现的相反的效果——当火焰发出的光通过棱镜时，光谱中有两条明亮的黄线，

----

1 威廉·海德·沃拉斯顿（William Hyde Wollaston, 1766—1828），英国化学家，物理学家。译者注。
2 约瑟夫·冯·夫朗禾费（Josef von Fraunhofer, 1787—1826），德国物理学家，发现并研究了太阳光谱中的吸收线。译者注。

波长非常清晰。他用这种纯黄色的光来测试不同种类玻璃的光学特性，然后观察玻璃对阳光的影响。那时，他看到了沃拉斯顿发现的暗线，但并不知道后者的这一发现。因为夫朗禾费有更好的设备和高质量的玻璃，他在太阳光谱中看到了更多的谱线，最终统计出576条，每一条都有特定的波长；整体效果像极了一个条形码。值得注意的是，他在金星和恒星发出的光线中看到了同样的线条图样。他从来没有发现是什么导致了这种图样，但直至今日，它们都被称为夫朗禾费线。

19世纪50年代，在海德堡工作的罗伯特·本生[1]和古斯塔夫·基尔霍夫[2]走出了重要的下一步。和当时所有的化学家一样，他们知道，不同的物质被洒在一个透明的火焰中会使其燃烧出不同的颜色——黄色代表着钠（如普通的盐、氯化钠），蓝绿色代表铜，等等。他们在这些"火焰试验"中使用了一种绝佳的燃烧器（它被以本生的名字命名）[3]，并建立了一个

1　罗伯特·本生（Robert Bunsen，1811—1899），德国化学家，其所研制的实验煤气灯后被称为本生灯。译者注。

2　古斯塔夫·基尔霍夫（Gustav Kirchhof，1822—1887），德国物理学家。在电路、光谱学的基本原理（两个领域中各有根据其名字命名的基尔霍夫定律）方面有重要贡献。译者注。

3　基本的燃烧器是由迈克尔·法拉第设计的，本生的助手彼得·德萨加改进了它，并以本生的名字将其推向市场。

由棱镜和类似显微镜的目镜组成的装置（这是第一台分光镜）来详细研究光线。当他们用光谱学分析由这种观察方法产生的彩色光时，发现在火焰的热量中，每一种元素在特定波长处都会产生独特的锐利线条。夫朗禾费所注意到的两条黄线是由钠产生的，铜在光谱的蓝绿色部分形成了鲜明的线条，诸如此类。他们意识到，任何炽热的物体都会在光谱中产生自己独特的线条样式。[1]后来，巧合发生了。

一天晚上，当他们在海德堡的实验室工作时，大约十英里外的曼海姆燃起了一场大火。他们恰逢其时其地，用光谱仪分析了自火场发出的光，进而识别出光谱中对应于锶和钡的谱线。根据他们后来在不同时间以不同版本重复讲述的一个故事，在火灾发生几天后，本生和基尔霍夫沿着内卡河散步时，本生说了这样一句话："如果我们能确定曼海姆燃烧物质的性质，我们应该也能对太阳做同样的事情。但人们会说，我们这么想是疯人在做梦。"

回到实验室，他们测试了这个疯狂的想法。基尔

1　对于为什么会发生这种情况的解释，必须等待 20 世纪量子理论的发展；但这对当时的化学家来说并不重要。

霍夫几乎立刻在太阳光谱的黄色部分发现了熟悉的钠的双线，而后在基尔霍夫的主导下，他们发现许多夫朗禾费暗线出现在特定元素在本生灯火焰中加热时所产生亮线的波长处。这意味着，尽管热的物质在光谱中产生亮线，但当光通过冷的物质时，它们却吸收相应波长的光，形成暗线。太阳内部炽热的光线必须穿过其较冷的外层才能产生这种效果。确定太阳由什么构成是可能的。基尔霍夫惊奇不已，他想到他们在河边的谈话，大声说："本生，我疯了！"本生回答说："我也疯了，基尔霍夫。"正是这一工作构成了基尔霍夫 1859 年 10 月 27 日在普鲁士学院演讲的基础。我们真的可以确定太阳和星星是由什么组成的了。然而，是这样吗？

起初，一切都事遂人愿，这项分析恒星光的新技术取得了巨大的成功。随后，1868 年 8 月 18 日，印度发生了一次可见的日食——自基尔霍夫发现夫朗禾费谱线是由特定元素阻挡了特定波长的太阳光后引起的，这是第一次日食。在日食期间，太阳主盘发出的光被月球挡住，这使得研究太阳表面上方区域发出的较微弱的光成为可能。法国天文学家皮埃尔·让森[1]就这么做了，他发现了一条非常亮的接近预期钠线的黄线。这一现象是如此鲜明，他意识到，即使在日食之后仍然可以研究它。在返回法国之前，他又做了更多的观察。与此同时，英国天文学家诺曼·洛克耶[2]发明了一种新的分光镜，用于研究 1868 年 10 月 20 日太阳外围的光线。他发现了同样的黄线。让森和洛克耶都被认为是这一发现的功臣，但只有洛克耶一人大胆地宣称，这条线一定是由地球上未知的元素产生的，并将之称为氦（出自希腊语中的太阳）。这个提议一直存有争议，直到 1895 年，威廉·拉姆齐[3]发现铀释放的气体（我们现在知道，这是放射性衰变的结果）在光谱中产生了相同的亮黄线。实际上，这种早已在太阳中被"发现"了的元素，27 年后才在地球上被"发现"。在 20 世纪初，通过光谱学鉴定出的

---

1 皮埃尔·让森（Pierre Janssen，1824—1907），法国天文学家，氦元素的发现者。译者注。

2 诺曼·洛克耶（Norman Lockyer，1836—1920），英国天文学家，首次研究了太阳黑子光谱。译者注。

3 威廉·拉姆齐（William Ramsay，1852—1916），英国化学家，因发现空气中的稀有气体元素并确定其在周期系中的位置而获得 1904 年诺贝尔化学奖。译者注。

塞西莉亚·佩恩·加波施金

史密森学会／科学图片库提供图片

大量元素似乎告诉我们，尽管太阳因某种未知的过程而保持着高温，但它的成分与地球非常相似。然而这种对证据的解释却是错误的，仍有很多意外会发生。

虽然这种解释是错误的，但它却似乎是基于确凿的证据。在 19 世纪末，亨利·罗兰[1] 在一系列图表中总结了对太阳成分的认识状况，他列出了 36 种元素，

1　亨利·罗兰（Henry Augustus Rowland, 1848—1901），美国物理学家，美国物理学会（APS）首任主席。译者注。

并详细说明了它们的光谱线强度。这一信息揭示出，这些元素之间的相对比例——每个碳原子对应多少个氧原子，等等——与地球上观察到的比例相符。在很大程度上，由于罗兰的工作，认为太阳的组成与地球基本相同的观念持续了四分之一个世纪。而后，第一个意外来了。

1924 年，塞西莉亚·佩恩[1]在哈佛大学攻读博士学位。佩恩是英国人，曾在剑桥的纽纳姆学院学习，但由于她是女性，所以没有获准在那里取得学位，更不用说博士学位了。这也是她移居美国的原因。1925年，基于她在哈佛大学天文台的工作，佩恩成为第一位获得拉德克利夫学院博士学位的女性。这仅仅昭示了她那辉煌事业[2]的开端，没有什么能超越她在 20 世纪 20 年代中期所取得的成就。她的出发点是印度物理学家梅格纳德·萨哈[3]新近的工作，萨哈解释了夫朗禾费线的细节是如何受到恒星不同部位的物理条件

---

1 塞西莉亚·佩恩（Cecilia Payne, 1900—1979），英裔美籍女天文学家，于 1925 年首次提出恒星主要由氢和氦组成。译者注。

2 这项事业主要是她以婚后的名字塞西莉亚·佩恩·加波施金（Cecilia Payne Gaposchkin）进行的。

3 梅格纳德·萨哈（Meghnad Saha, 1893—1956），印度天体物理学家，因提出描述恒星物理与化学状态的萨哈电离方程而闻名。译者注。

（温度、压力等）的影响的。拥有了这些信息，佩恩比之前任何人都更为准确地计算出了 18 种元素在几个恒星中的比例。这表明，一旦将这些影响考虑在内，所有恒星的元素比例都基本相同。这些丰度大多与罗兰的太阳丰度表一致，然而有一个戏剧性的区别。根据佩恩的计算，恒星中的氢和氦比其他所有物质的总和都要大得多。

当佩恩在准备包括这一发现的论文草稿时，她的导师哈洛·沙普利[1]把它交给了普林斯顿大学的资深天文学家亨利·诺里斯·罗素[2]审阅。罗素说，这个结果"显然是不可能的"。早在 1914 年，他在一篇关于"太阳光谱和地壳"的文章中写道：

太阳和地球元素列表的一致性非常有

1　哈洛·沙普利（Harlow Shapley，1885—1972），美国天文学家，美国科学院院士，1921—1952 年担任哈佛大学天文台台长；1943—1946 年担任美国天文学会会长。他主要从事球状星团和造父变星研究。译者注。
2　亨利·诺里斯·罗素（Henry Norris Russell，1877—1957），美国天文学家，1934—1937 年担任美国天文学会会长。美国天文学会的天文终身成就奖以他的名字命名，他本人也是该奖首位得主。小行星 1762、火星上的罗素撞击坑、月球上的罗素环形山均以他的名字命名。译者注。

> 力地证实了罗兰的观点，即如果地壳上升
> 到太阳大气的温度，它将给出非常相似的
> 吸收光谱。太阳和其他恒星的光谱是相似
> 的，所以看来宇宙中元素的相对丰度和地
> 壳中的相似。

罗素仍坚持这种观点。在沙普利的建议下，当佩恩在
1925年正式提交论文时，她加入了一句话："恒星
大气中[氢和氦]的巨大丰度几乎肯定是不真实的。"

　　但是佩恩的发现获得认可的时代到来了。1928
年，在哥廷根工作的天文学家阿尔布雷希特·恩斯奥
尔德[1]对太阳光谱进行了研究，并得出结论：太阳的
大气层必然是主要由氢组成。当时，一个年轻的爱尔
兰研究生威廉·麦克雷亚（William McCrea）正在哥
廷根做访问，他借自己的计算发展了这一观点。计算
显示，太阳大气中的氢原子数量是除去氦以外的所有
物质总和的一百万倍。[2] 1929年，凭借论文《关于太

1　阿尔布雷希特·恩斯奥尔德（Albrecht Unsöld, 1905—1995），德
国天文物理学家。译者注。
2　很久以后，我在萨塞克斯大学学习天文学时，麦克雷亚是我的导师，
但我，没能继承他的才华！

阳诸外层的问题》（*Problems Concerning the Outer Layers of the Sun*），他被剑桥大学授予博士学位。差不多在同一时间，罗素改变了他认为佩恩的计算结果不可能的看法。基于恩斯奥尔德的工作，并利用萨哈方程，罗素对太阳光谱进行了详细的研究，这项工作给出了 56 种元素的相对丰度，是迄今为止关于太阳构成的最好的一组数据，其中包括"氢的巨大丰度几乎不容置疑"的证据，他将其描述为"巨大到几乎难以置信"。罗素在发表自己的研究成果时，很谨慎地给予了佩恩充分的赞扬。但由于他已经是一位公认的科学家，论文在当时引起了很大的轰动，他也就经常因为这一发现而得享佩恩的那份殊荣。罗素的研究确实比佩恩更为深入，但佩恩的研究才是开山之作；1962 年，天文学家奥托·斯特鲁夫[1]将佩恩的论文描述为迄今为止"天文学史上最杰出的博士论文"。在 1925 年"不可能"的事情，在 1929 年则是"几乎"不可思议。

但仍有更多让天文学家感到惊讶的地方。罗素在

---

1 奥托·斯特鲁夫（Otto Struve, 1897—1963），俄裔美国天文学家。译者注。

1914 年的评论中暗示说："宇宙中元素的相对的丰度似乎就像地壳中元素的丰度一样。如果恒星不是由与地壳丰度相同的元素组成，那么宇宙的组成就不同于地壳。具体来说，宇宙中一定含有更多的氢和氦。"至于究竟有多少，要在佩恩、恩斯奥尔德、麦克雷亚和罗素完成他们的开创性工作近 30 年后，才变得清楚起来。

到了 20 世纪 20 年代末，天文学家对太阳这类恒星的性质已有惊人的把握，尽管他们尚不知道恒星在其内部产生热量的确切细节。恒星基本上是一个热气球体，它平衡着两个相反的力以保持平衡。引力试图把球体拉到一起，使它收缩，而球体内部的热量产生的压力则向外推，使它保持稳定。天文学家可以通过研究行星的轨道来计算出太阳的质量，行星的轨道是由太阳的引力固定的，他们由此得知向内的力有多强。因为内外力之间的平衡，他们又得以知道向外的力有多强，这告诉了他们太阳内部的状况，其中就包括太阳核心的温度。这些细节是由开创性的天体物理学家阿瑟·爱丁顿提出的，他在 1926 年出版了《恒星的内部结构》（*The Internal Constitution of the Stars*）。那时，多亏了爱因斯坦，物理学家们知道了核聚变可以释放能量。如果四个氢原子核（单质子）能够被转换成一个氦原子核（α粒子，每个粒子由两个质子和两个中子结合在一起组成），那么巨大的能量就可以通过这种方式被释放出来。因为每个氦原子核的质量比四个单独质子的质量总和要小。在每次这样的聚变中释放的能量等于这个"损失"的质量乘以光速的平方。甚至在天文学家们认识到太阳和恒星中究竟含有多少氢（所有这些氢都有潜在的可能参与这一过程）之前，爱丁顿就提出，它们的热量是以这种方式产生的，因为"我们所研究的氦一定是在某个时间和某个地点组合在一起的"。问题是，这是如何形成的呢？

对这个问题的答案的寻求，因为一个不幸的巧合而受阻。在 20 世纪 30 年代，天体物理学家们发展了更为详细的恒星内部"模型"（描述实际发生的方程组）。他们发现，使恒星保持上升的压力由两部分构成。一种是被我们认作压力的常规过程，其中粒子在周遭反弹并相互碰撞，就像气球中的空气分子一样。但是恒星内部非常热，带负电的电子被从带正电的原子核中剥离出来。由此聚而成海的带电粒子与恒星中心释放的电磁辐射（光、X 射线等）相互作用，并向表面移动。这会产生一个附加的向外的力，它被称为辐射压力。像太阳这样的恒星，当这两种压力的结合平衡了引力的向内牵引时，就是稳定的。但事实证明，有两种方法可以达到这种平衡。

传统的压力取决于粒子的数量。电子比质子和中子轻得多，因此可以忽略它们，所以重要的是原子核的数量。但是，辐射压力确实取决于电子的数量。氢原子只有一个电子，所以每个原子核只能贡献一个电子，而氦原子有两个电子，所以每个原子核可以贡献两个电子，依此类推。因此，常规压强和辐射压强所贡献的占总压强的比例取决于混合物中有多少重元素核。不幸的巧合是，对于一颗质量和亮度与太阳相当的恒星，或者任何类似的恒星而言，如果恒星至少有95%由氢和氦的混合物组成，或者只有35%的轻物质和65%的重物质，那么这两种压力的结合就可以平衡向内的引力元素。20世纪30年代，天文学家刚刚意识到恒星并非完全由较重的元素组成，于是倾向于第二个选项。我们在地球上发现的那些元素的总和只占太阳和恒星的5%，接受这一点对他们来说是一个过于巨大的飞跃。

因此，第一次去解释恒星如何产生能量——氢原子核如何结合形成氦原子核——的尝试，假设了恒星内部有 35% 的氢。这一误解影响了试图去解释这一过程的第一批人，他们的工作起初是由弗里茨·霍特曼[1]和罗伯特·阿特金森[2]合作展开的，随后在阿特金森那里得到了发展。这个想法的实质是，重核一个接一个地吸收四个质子，然后吐出 α 粒子——氦核。事实证明，这一过程在一些质量比太阳稍大的恒星中很重要，但实际上，在太阳内部释放能量的过程要简单得多。首先，两个质子聚在一起，喷出一个正电子（电子的正电荷对应物），形成一个氘核，氘核由一个质子和一个中子结合在一起。另一个质子的加入形成一个氦–3 核，当两个氦–3 核相互作用时，它们形成了一个氦–4 核（两个质子和两个中子，一个 α 粒子），两个质子随之被释放出来。最终的结果是，四个氢原子核转变成了一个氦原子核，并释放出能量。1938年，查尔斯·克里奇菲尔德[3]研究得出了这条"质子—

1　弗里茨·霍特曼（Fritz Houtermans，1903—1966），德国天文学家、核物理学家。译者注。

2　罗伯特·阿特金森（Robert Atkinson，1898—1982），英国天文学家、物理学家。译者注。

3　查尔斯·克里奇菲尔德（Charles Critchfield，1910—1994），美国数学家，物理学家。译者注。

质子链"的本质，但人们完全理解并接受太阳至少有95%由氢和氦构成，已经是20世纪50年代的事了。

你需要大量的氢来完成这个过程，因为任何两个氢原子核以足够的力相互碰撞而产生氘核的概率都很小，即使在太阳中心的极端条件下也是如此。借助于高速电子计算机的发明，现代计算告诉我们：这需要一个单独的在太阳的中心（那里的温度约为1500万℃）弹跳的质子，而它需要花上140亿年，才与一个伙伴迎面相撞而形成一个氘核。有些需要更长的时间，有些则需要更短的时间，但从统计数据来看，每100亿兆次中仅有一次碰撞会触发质子—质子链的初始形成。而相对来说，链中的其他步骤就不太可能了。每一次四个质子转化为一个氦原子核，只有0.7%的质量转化为能量。然而，尽管这些事件非常罕见，每次释放的质能也很小，但总体而言，随着6.16亿吨氢转化为6.11亿吨氦，太阳每秒钟将500万吨质量（相当于100万头中型非洲象）转化为能量。这一过程已经持续了45亿年，但太阳一开始有如此大量的氢，以至到目前为止它只把大约4%的氢燃料加工成了氦灰。

就太阳（和类似恒星）的构成而言，这种情况甚至比 20 世纪 30 年代进行的简单计算所显示的更为极端。这些计算说明，太阳的**至少** 95% 是以氢和氦的形式存在的，而我们现在通过综合观察和计算机模拟知道，就质量而言，太阳由大约 71% 的氢、27% 的氦和不到 2% 的其他物质构成。从原子（核）的数量看来，这个数字会更令人印象深刻。在太阳中氢原子核占 91.2%，氦原子核占 8.7%，其他的只有 0.1%。这些数字适用于整个宇宙恒星中化学元素的比例，行星与它们的母恒星相比（太阳的大小相当于 130 万颗地球大小的行星的总和），就如微不足道的（用宇宙术语来说）尘埃。所有对我们而言重要的东西，都是那 2% 的一部分，如果以原子计量，那就是 0.1%——是为对生命肇始（creation）的事后之见。这是科学史上最大的不可思议之一。然而，更令人惊讶的是，就是这 2% 创造了生命，其中就包括我们自己，而它是如何做到这一点的，构成了科学的另一大支柱。

支柱三

生命之力不存在

那种认为生命是特殊的观念——生命由无生命之物所匮乏的一种神秘的"生命力"所驱动——比历史还要古老，古埃及和希腊的哲学家们对此早有讨论。这似乎是常识。但是，正如我们对世界的惯常理解，常识往往是关于现实的蹩脚指南。

对有生命之物如何运作的合适理解，始于18世纪80年代法国化学家安托万·拉瓦锡和他的同事皮埃尔·拉普拉斯所做的实验。他们把一只豚鼠放入容器，这一容器被置于装满冰的另一个容器里，然后测量在一定时间内动物的体温融化了多少冰，还测量了这只动物呼出了多少"惰性气体"（现在称为二氧化碳）。他们发现，这和燃烧木炭融化等量的冰所产生的气体是等量的。动物于是被视为遵循着和燃烧的木炭或蜡烛相同的规律。

不过，在接下来的十年里，似乎又有新的发现暗示真的有生命力存在。在一个著名的实验中，意大利医生路易吉·伽瓦尼[1]意外发现，一对被解剖的青蛙的腿在接触铁时发生了抽搐。但这个故事比许多流行

1　路易吉·伽瓦尼（Luigi Galvani，1737—1798），意大利物理学家、生理学家。译者注。

的说法要复杂一些，值得仔细研究个中细节，看看科学家的思维是如何运作的。

伽瓦尼进行了很多种实验，在他的实验室里有一台手摇机器，它通过摩擦产生稳定的电流，就像你走过某种地毯后接触金属物体会受到电击一样。有一天，他正在用一把手术刀解剖一对青蛙的腿，这把手术刀碰到了机器并且带上了电荷。当手术刀碰到其中一条腿的坐骨神经时，那条腿踢得好像青蛙还活着似的。这又促使他做了一系列的实验。这些实验表明，如果把死去的青蛙的腿直接与电机相连，或者在雷雨期间，当空中有闪电时把青蛙的腿放在金属板上，蛙腿就会抽搐。然而，他的关键观察却是偶然产生的。当伽瓦尼准备做实验时，他会把青蛙的腿挂在户外的铜钩上晾干，有一次其中一个钩子碰到了铁栅栏，蛙腿也踢了起来，尽管没有外部电源。当他把蛙腿和钩子拿到室内，使它们远离电机，并把钩子接在铁器上时，蛙腿又抽搐了起来。每次都是这样，每一组青蛙腿都是如此情形。

他相信这证明了某种"动物电"的存在，它不同于制造闪电的"静电"，或者我们可以通过摩擦制造的静电。这种动物电被假设为一种液体，在大脑中被制造，由神经输送到肌肉并储存在那里，直到有其用武之地。但伽瓦尼的同胞亚历山德罗·伏特[1]不同意这种说法。他说，产生抽搐的电流与生命力无关，而是解剖的蛙腿接触到的金属之间相互作用的结果。这促使他通过一系列实验，发明了一种用于发电的装置。那是一堆交替排列的银盘和锌盘，用浸在盐水中的纸板隔开。当这一组银盘和锌盘的顶部被一根电线连接到底部时，一股电流就流过了电线。"伏打电堆"是第一个电池。

　　在伦敦皇家研究所，汉弗莱·戴维[2]发展并应用了伏特的发明，他在那里进行了戏剧性的实验，用电将化合物分解成其组成部分，以此揭示了"新"金属（包括钾和钠）的存在。但是戴维的实验并没有打消有关生命力的观念，反而鼓励了它的一些支持者。其中特别的是，伦敦的外科医生约翰·阿伯内西（John Abernethy）发现了电和一种他称之为活力（本质上是他对生命力的称呼）的东西之间的联系。他的结论遭到了一位同事威廉·劳伦斯（William Lawrence）

1　亚历山德罗·伏特（Alessandro Volta，1745—1827），意大利物理学家，因发明伏打电堆而著称。译者注。
2　汉弗莱·戴维（Humphry Davy，1778—1829），英国化学家。译者注。

的抨击，由此而引发了一场贯穿 19 世纪 20 年代的激烈辩论（玛丽·雪莱就在这个时候写了她的小说《弗兰肯斯坦》；劳伦斯在 1815 到 1818 年间正是珀西·雪莱的医生，这绝非巧合）。电学的研究并不能解决这个问题。但在 1828 年进行的一项化学实验，其令人惊讶的结果，却本可以让活力论息声。

到 18 世纪末，化学家们开始掌握了如何将不同物质结合去形成更复杂的化合物。他们很快就明白，碳确实可以与其他物质形成多种复杂的组合，而生物在很大程度上是由这些复杂的碳化合物组成的。关于这种碳化合物的化学被称为有机化学，它被视为与研究水等普通"无机"物质的化学迥然不同的东西，并且与活力论息息相关。人们认为，有机化合物只能由生物制造，这得益于生命的力量。

1773 年，法国化学家伊莱尔·罗埃尔[1]从包括人类在内的各种动物的尿液中分离出一种未知的物质的晶体，后来被称为尿素。尿素是一个谜，因为即便在当时它也是一个相对简单的化合物（它的现代化学式

1　伊莱尔·罗埃尔（Hilaire Rouelle，1718—1779），法国化学家，1773 年发现了尿素。译者注。

是 $H_2N\text{-}CO\text{-}NH_2$），看起来并没有复杂到需要生命力才能被制造。但事实证明，情况并非如此。

1828年，德国化学家弗里德里希·沃勒（Friedrich Wöhler）试图通过使氰酸与氨水反应制备氰酸铵。然而，他的实验产生的物质却不是氰酸铵。仔细分析后，他发现这是尿素，与从尿液中提取的物质完全相同。在1828年撰写的一篇报道这一发现的论文的导言中，他表达了自己的惊讶：

> 这项研究给出了一个意想不到的结果：氰酸和氨结合生成尿素。这是一个非常奇怪的事实，因为它代表了一种有机化合物的人工（体外）合成，即所谓的"动物化学物质"是由无机化合物形成的。

那一年，他给同事雅各布·贝泽利乌斯（Jacob Berzelius）写了一封信，告诉他：

> 既不需要肾脏也不需要任何动物（不论是人或狗）来生产尿素。
>
> 氰酸铵就是尿素……它和我自己排出

的尿液中的尿素没有化学区别。

　　这可能是对生命力观念的致命一击。但这封信的引文也揭示了它缘何没有产生我们事后所料的直接影响。沃勒的测试表明，从化学上讲，尿素和氰酸铵是相同的。一个氰酸铵分子实际上和一个尿素分子含有相同的原子，但是几何结构安排不同。这种不完全相同的孪生分子现在被称为同分异构体，沃勒更感兴趣的是跟踪同分异构体的发现，而不是参与关于活力论的争论。此外，尿素是一种相对简单的物质，一种特殊的生命化学概念的支持者可能（而且确实）认为它根本不算是有机分子。还有许多其他的有机分子更复杂，无法合成。

　　唯一能让活力论偃旗息鼓的方法，就是着手从简单的无机分子合成更多复杂的有机分子——这一过程被称为"完全合成"。沃勒的发现是一个愉快的意外，一次事出偶然的发现。但在1845年，另一个德国人阿道夫·科尔贝[1]开始有意识地从无机物中提取有机

1　阿道夫·科尔贝（Adolph Kolbe，1818—1884），德国化学家。译者注。

化合物。他给自己的任务，是将二硫化碳（一种很容易由其组成部分制成的无机化合物）转化为醋酸或醋（一种通过发酵自然产生的有机化合物）。科尔贝的成功是人类第二次完全从无机前体合成有机化合物，且不涉及任何生物过程。但即使是这两个案例，也为后人留下了大量的有机分子去研究。

19世纪50年代，巴黎人马塞林·贝塞洛[1]，活力论的极力反对者，开始以完全合成去制造当时已知的每一种有机分子。他坚信所有的化学过程都是基于物理力的作用，可以像对待机械过程中的力一样对其进行研究和测量。他对每一种有机物质的完全合成计划都是从这一信念出发的；这似乎是一个不可能实现的梦想，但他的所作所为足以证明他是对的。

贝塞洛制定了一个循序渐近的方案。他从含有碳和氢的简单化合物（碳氢化合物，如甲烷）开始，将它们转化为醇类（其中含有一个OH基团，基本上是缺少一个氢原子的水，因此它可以与其他元素相连），然后将其转变为酯（其中OH基团被更复杂的"烷氧

1　马塞林·贝塞洛（Marcellin Berthelot，1827—1907），法国有机化学家、物理化学家和科学史学家。译者注。

马塞林·贝塞洛
科学图片库提供图片

基"取代），再将它们转化为有机酸（其中含有更复杂的基团），如此等等。贝塞洛取得了很多次的成功。他能够使用如此概述的分步方法制造甲酸（蚂蚁在叮咬中释放的化学物质），通过在氢气中的碳电极之间引发电弧制造乙炔（由他命名），并通过在玻璃管中加热乙炔来制造苯。

苯是关键的一步。每一个苯分子都是由六个碳原子组成的环。苯天然存在于原油中，原油是生物体的残留物，而且这些环状分子是极其多样的化合物的组成部分，在生物化学中尤为重要。涉及这类环状分子反应的化学分支，现在被称为芳烃化学。

贝塞洛史诗般的全面合成计划是一个人难以完成的，但他建立起了现代科学的支柱之一。他使我们看到，利用所有生物中都能找到的碳、氢、氧和氮四种元素，是有可能制造有机物质的。这些元素非常重要，而且经常（总是！）在有机物中被一并发现，以至于被统称为CHON。贝塞洛关于有机合成化学的著作《有机合成化学》（*Chimie organique fondée sur la synthèse*）出版于1860年，它本该敲响活力论的丧钟，但是，这种认为生物（包括我们自己在内）不过是通过物理作用力（如机械过程中所涉及的力）来运作的碳化合物的集合的观点，是如此让人难以接受——如此与"常识"背道而驰，甚至到了19世纪末，那种认为生物化学毕竟有其特殊之处，并且在生命过程中有某种"生命力"参与的观念，仍然是一个争论的主题。像路易斯·巴斯德那般受人敬仰的科学家，就为此观念据理力争。1897年，德国人爱德华·比希纳[1]的著作是对这一观念的最终驳斥。

最后一道为活力论专家提供了弹药的难题是发酵。发酵将糖等食物转化为酒精和二氧化碳等简单的化合物，并释放为活细胞提供动力的能量。但它总是和活细胞相关吗？比希纳以酒精生产来着手这个问题，这种生产涉及酵母，而酵母是一种生物有机体。酵母对这一过程至关重要；但比希纳想测试这究竟是因为酵母细胞是活的，还是因为它们含有某种化学物质（催化剂），促使糖分通过无机反应转化为酒精和二氧化碳。

比希纳从活性酵母细胞开始，对它们进行了一系列的"折磨"以使之脱离活性，并将它们还原为其化

1　爱德华·比希纳（Eduard Buchner, 1860—1917），德国化学家。译者注。

学组成部分。他将干酵母细胞与石英砂和软岩混合，然后用杵和研钵研磨。当混合物变得潮湿时，酵母细胞破裂并释放出内含物，然后潮湿的混合物被挤压以提取实验中使用的"压榨汁液"。

当糖溶液混合到新榨的酵母汁中时会产生气泡，最终用泡沫覆盖住液体。化学测试表明，二氧化碳和酒精的生成比例与用活酵母发酵时完全相同。但提取物中并没有活的酵母细胞。

在这项工作之后，比希纳发现，其中的关键化学物质是一种酶，他称之为酒化酶。酵母酶是在酵母细胞内产生的，因此从这个意义上说，有生命之物参与了发酵过程，但关键在于，酵母酶本身是一种无生命的化学物质，无论酵母是活的还是死的，发酵过程都会发生。酶在许多生物过程中起着至关重要的作用，但现在不需要涉及生物学就可以用化学方法合成酶了。正如比希纳后来所说：

> 酶和微生物之间的区别，在后者被描述为前者的生产者时得到了清楚的揭示，我们必须把酶想象成复杂但无生命的化学物质。

酵母酶确实是一种酶，它现在可以在不涉及生物学的情况下被合成。但值得重申的关键点在于，无论酵母是活的还是死的，化学反应都照常进行。1897 年 1 月，比希纳将他的重要科学论文《论无酵母细胞酒精发酵》（*Alkoholische Gährung ohne Hefezellen*）发表在《德国化学》杂志。

比希纳"因其生物化学研究和无细胞发酵的发现"于 1907 年被授予诺贝尔化学奖。就纪念活力论的终结而言，这是一个绝好的日期选择。但这也留下了另一个问题。如果没有生命力，生命是如何起源的呢？

查尔斯·达尔文在这个难题上苦思良久，他推测生命可能是在地球上一个"温暖的小池塘"里开始的，这个池塘里混杂着正确的化学成分。但他意识到，这不可能在现今发生。正如他在 1871 年写给约瑟夫·胡克（Joseph Hooker）的信中所说的：

> 人们常说，生物体第一次得以产生的所有条件现在都具备，这本来可能发生于当下。但是如果（啊，多么大胆的如果）我们能够想象，在一个充满各种氨和磷酸

盐的温暖的小池塘里——光、热、电等也一应俱全，一种蛋白质被化合形成，准备经历更多复杂的变化。但在当下，这种物质会被立即吞噬或吸收，也就不存在有生命之物形成的前提条件了。

在达尔文写下这些话半个世纪后，1894 年出生的俄国生物化学家亚历山大·奥帕林（Alexander Oparin，1917 年俄国革命之年毕业于莫斯科国立大学），将这种推测置于了恰当的科学基础上。他首次发表自己的观点，实际上是在 1922 年俄罗斯植物学会的一次会议上，而后将其拓展为一本书——《生命的起源》（*The Origin of Life*），并于 1924 年出版。激发他思考的是最近的发现：木星和太阳系其他巨型行星的大气层中含有大量的甲烷等气体（多亏了光谱学；没有一个科学支柱是独立的！），而达尔文等人认为甲烷是生命的原料。今天，地球大气层富含氧气，氧具有很强的活性，是由生命产生的，但如果没有不断的补充，就会在森林火灾、岩石风化和其他过程中被耗尽。奥帕林提出，当地球还年轻的时候，为了让生命得以肇始于某个温暖的小池塘，地球的大气层一定和那些巨大的行星是相像的。这种"还原性"大气层可能含有甲烷、氨、水蒸气和氢，并可能一步一步地积聚起有机分子，正如在贝塞洛实验中的情形。但是它应该没有氧气，因为氧气会与生命的前体发生反应并摧毁它们。

奥帕林的推论可以概括为几个步骤：

• 生物和无生命物质之间没有根本区别。生命的复杂性一定是在物质的进化过程中发展起来的。

• 幼年的地球拥有一种强烈的还原性大气，其中含有甲烷、氨、氢和水蒸气，这些是生命进化的原材料。

• 随着分子变得越来越大、越来越复杂，它们的行为也变得越来越复杂，分子之间的相互作用取决于分子的形状及其结合方式。

• 即使在这个早期阶段，新结构的发展也受到竞争——各种复杂结构之间依靠简单分子的"喂养"而生存的斗争——以及达尔文所说的自然选择的制约。

- 生物体是开放的系统，从外部吸收能量和原材料，因此不受制于热力学第二定律。

最后一点是一个经常被忽视的重要问题。热力学第二定律是著名的自然定律，它告诉我们，事物的耗损和世界上无序的数量（自量的方面以熵来衡量）总是在增加。举一个标准的例子：一个酒杯从桌子上掉下来摔碎在地上。碎玻璃比原来的饮用容器更加杂乱无章；熵增加了。你永远不会看到地板上的玻璃碎片自发地重新排列成一个饮用容器——这是负熵。然而，生命似乎绕开了这条法则。不知何故，生命自混沌中创造了秩序，逆转熵流。但它也只能有限而为。正如制造一个酒杯需要能量的介入一样，制造生物和维持生命也需要输入能量。对于像我们这样的动物来说，能量来自我们的食物——最终来自植物，因为即使我们吃肉，肉也来自吃植物的动物。对植物来说，能量最终来自阳光。活生生的地球就像一个反向熵流的气泡，所有的能量流都来自太阳。而这将被与保持太阳发光的过程相关的熵的巨增所补偿。

奥帕林的具体建议是，在阳光或其他外部能量（如闪电）的帮助下，在他设想的那种还原性大气中，熵可以"回溯"地运行，形成含有碳的复杂分子——有机分子。这些东西可以长成薄片和微小的液滴，甚至是微小的空心气泡，凡此种种可能发展成细胞的东西。其时，奥帕林的作品在国外基本上没有引起注意，但是英国研究人员 J. B. S. 霍尔丹在 1929 年独立地提出了一个与之基本相同的想法，似乎是为了表明这部著作的时机确实成熟了。正是霍尔丹（正如我们之前看到的，他有一种令人难忘的科学打趣的天赋）想出了一个吸引人的名字，来命名这个假设的一切都发生于此的"温暖的小池塘"——原始汤。下一步则是在实验室里尝试创造或再现原始汤中存在的条件。尽管这些实验在一定程度上取得了成功，但它们提出了诸多新的问题，并被另一个惊喜所超越，而这个惊喜本身已经成为科学的支柱之一。

支柱四

银河系：储存生命原材料的仓库

在奥帕林提出生命可能起源于早期地球的还原性大气的 20 年后，芝加哥大学的化学教授哈罗德·尤里[1]给学生们做了一次关于他称之为"奥帕林—霍尔丹假说"的讲座。其中一个名叫斯坦利·米勒[2]的应届毕业生，非常好奇地问他是否可以通过一个实验来验证这个想法——一个微型的"温暖的小池塘"，被密封在一个实验室的玻璃容器中，里面装有奥帕林和霍尔丹所建议的混合材料。

尤里同意去监督这项工作，结果使其成为著名的米勒—尤里实验。

实验的中心是一个 5 升的主玻璃烧瓶，里面装有甲烷、氨、水蒸气和氢的混合物。水蒸气由第二个半升的烧瓶持续提供，此沸腾烧瓶与主烧瓶通过玻璃管相连；蒸汽通过主烧瓶，继而持续通过一个形似 U 形弯管的冷却室冷凝，然后返回到沸腾烧瓶以完成循环。U 形弯管提供了一个存水弯，在这个存水弯中，液体可以被捕获并通过水龙头排出。为了模仿闪电的作用

1　哈罗德·尤里（Harold Urey, 1893—1981），美国化学家、物理学家，因发现氘（"重氢"，氢的同位素）获得 1934 年诺贝尔化学奖。译者注。
2　斯坦利·米勒（Stanley Miller, 1930—2007），美国化学家、生物学家。译者注。

斯坦利·米勒
科学图片库提供图片

提供能量，电火花在主烧瓶的混合物中闪过。

在实验的原初形式中，U形弯管中截留的液体每周被排放一次并进行分析。但这项实验只用了不到一个星期就取得了惊人的成功，其结果完全值得一个博士学位。不到一天，U形弯管里的液体就变成了粉红色。当第一周的液体被排出并分析后，米勒发现，密封在5升烧瓶中的最初混合气体，有超过10%的碳转化为了有机化合物。其中最重要的是氨基酸，一种复杂的有机分子，它们本身就是蛋白质的组成部分，是生命的基石。总共有20种氨基酸以不同的方式相互结合形成人身体中所有的蛋白质，而米勒—尤里实验在一周之内就得到了13种。1953年，研究结果发表于《科学》杂志上。[1] 这些结果被认为离生命本身只差了一步，而米勒终其科学生涯（他于2007年去世）都在致力于改进自己的实验，并不断延长实验时间，希望能多走出一步。当地质学家们断定地球一开始或许根本没有还原性大气时，他也毫不气馁。前者所持的最好的证据是，我们星球早期的大气层是由今天火山喷发出的同样的气体混合物组成的——其中以二氧

1　《科学》（*Science*），第39卷，第791页。（原书遗漏了此注释，中译本将其添加在此。编注）

化碳、氮气和二氧化硫为主。对此，米勒只是简单地调整了他的仪器，以适应这种材料的混合物，再次进行尝试，并从简单的原料中再次生产出了各种复杂的有机分子。如果没有其他原因的话，他认为只要有能量的输入，像氨基酸这样复杂的分子就会由简单的化合物合成，这不仅容易，而且是必然的。不过，讽刺的是，他不必费心去解释这些分子是如何在地球上生发的。20世纪末到21世纪初，令人吃惊的观测结果显示，年轻地球上温暖的小池塘里的化学成分可能是从氨基酸等化合物开始的，这动摇了我们对地球生命起源的理解。

自19世纪生物化学家们的开创性工作以来，我们已经走了很长的路。如果他们今天的继承人之一想要制造生命的基本分子、蛋白质和著名的核酸DNA和RNA，就不必费心从还原性大气中可能发现的气体混合物开始，或甚至从现存火山喷发的气体混合物着手。[1]更为复杂和有趣的原料，如甲醛和甲醇，可

1　令我感到惊讶的是，在我写完这一部分之后，2019年秋天，德国路德维希·马克西米利安-慕尼黑大学（Ludwig Maximilian University of Munich）的研究人员报告了最近的实验室实验结果，他们用水和氮等成分构成了复杂的有机分子。看来有些人真的是自找苦吃。

以从化学供应商处获得，而且可能就被放在任何像样的生化实验室的搁架上。当然，它们之所以如此容易获得，是因为其他人已经历经周折，将其在工业规模上完全合成制造了。令人震惊的是，宇宙为大量生命的前体也做了同样的事情，并且规模要宏大得多。

故事开始于20世纪30年代，其时，使用光谱学技术，最简单的碳氢分子化合物（CH）以及碳和氮的分子化合物（CN），被发现存在于气体云和太空尘埃（星云）中。但这个故事直到20世纪60年代才开始变得有趣，当时的新技术拓展了可以用作此种研究方法的波长范围。各种小分子，就像前两种在太空中被发现的分子一样，在光谱的可见部分产生了线条。但较大的分子在较长波长的光谱中，在红外光谱和射电光谱中才可产生相同的特征。因此，必须等待合适技术的发展，借由红外和射电望远镜对之做出合适的识别。即便如此，因为没人指望在太空中找到复杂的分子，天文学家们花了一段时间才意识到他们所看到的是什么。而后资助到位了，他们便开始积极寻找太空中的分子，在一场寻找原子链接最多的分子的竞赛中寻找更大更复杂的种类。

在太空中发现的第三种分子，是1963年识别出的所谓羟基自由基 OH。但正是 1968 年的下一个发现，让人们开始打起了精神。这是四原子分子氨，NH_3。它第一次表明两个以上的原子可以在星际空间的条件下聚在一起形成分子。水（H_2O）是最早被发现的三原子分子之一，但甲醛（H_2CO）的发现更令人兴奋，它是在太空中发现的第一种有机分子。现在我们已经发现了几百个星际分子，其中包括尿素[1]和乙醇。乙醇的发现别有趣味，不仅因为它给了通俗报纸头条的作者们一次提及"太空中的伏特加"云的机会，还因为它的每个分子都由九个原子组成——CH_3CH_2OH。还有几种确定的分子，每个分子有 10 个或更多的原子，但其中特别吸引人的是甘氨酸，H_2NH_2CCOOH。甘氨酸是一种氨基酸，是蛋白质的组成部分之一。米勒在他的实验室里用 5 升的烧瓶所做到的，宇宙在太空巨大的气体云中也一样做到了。

另一项重大发现是 2014 年识别出的一种被称作异丙基氰化物的十二原子分子，$(CH_3)_2CHCN$。这一发现的重要性在于，符号 $(CH_3)_2$ 意味着两个独

1　在 2014 年被发现，并且肯定是在没有使用人或狗的肾脏的情况下，在星际云中被制造的。

立的 CH_3 单元从同一个碳原子分支而来；这是一种类似于地球上许多生命复杂分子的结构，包括一些氨基酸。两年后的 2016 年，天文学家在被叫作人马座 B2 的气体和尘埃云中发现了 10 个原子的环氧丙烷分子 CH_3CHCH_2O。这个分子有趣的特性是，它有一种叫作手性的性质，其本质就是偏手性。它自然地拥有左偏以及右偏，但只有一种是在 2016 年被发现的。螺旋具有手性——它们可以向左或向右扭曲。地球上的生命被整齐地划分为两种手性。氨基酸几乎完全是左偏的，而 RNA 和 DNA 的螺旋是右偏的。在人马座 B2 这样的星际云中看到的环氧丙烷，其手性是由恒星发出的光[1]的作用决定的。这种光只允许一种手性被印在气体和尘埃云层中的分子上，观察结果还不够详细，无法分辨出在这种情况下哪种手性占据了主导地位。恒星和行星是由这样的气体尘埃云形成的，这就意味着在生命的组成部分到达行星表面之前，手性就已经被印上了。所有由同一星际云形成的行星系统都应该具有相同的手性。但这些分子究竟是如何在太空中形成的，它们又是如何到达行星表面的呢？

1　对有技术头脑的人说一句，这是环形偏振光。

提到星际云中的"尘埃",它可能不会在你脑海中浮现出完全正确的形象。对这些星际云的电磁辐射的研究表明,这些尘埃是由微小的粒子组成的,就像香烟烟雾中的粒子一样。这些粒子由碳和硅的氧化物等物质构成,它们被冻结的氨和甲烷以及常见的由水结成的冰所覆盖。如果两个原子,或两个小分子,或一个大分子和一个小分子在太空中相撞,它们很可能会相互反弹,或因碰撞而碎裂。但是尘埃颗粒冰冷的表面提供了原子和分子可以黏附的地方。当简单的物质粘在冰上时,它们就有机会结合在一起,形成更为复杂的物质。这些物质随后会从冰中逃逸出来,也许是颗粒本身参与了碰撞,或者是由于宇宙射线(恒星活动喷射出的高速移动的粒子)的影响。这些想法已经在实验室中得到了验证,例如存在于太空中的冰粒子被冷却到 -263℃ 以模拟太空的寒冷,并使其沐浴在紫外光中以模拟恒星提供的能量。化学反应就在颗粒表面发生了,像我所描述的那样。

这并不是一个迅疾的过程。形成像甘氨酸或异丙基氰化物那样复杂的分子,需要很长时间。但时间向来是足够的。宇宙大约有 138 亿年的历史,而我们的银河系只是稍微年轻了一点。甚至太阳系和地球本身也有 45 亿年的历史。化石遗骸表明，至少 38 亿年前，地球上就存有单细胞的生命形式。二氧化碳、水和二氧化硫等物质，如何能在如此短的时间内白手起家，产生出这样的生命形式，这是一个谜。但这些原料，再加上甲烷和氨，如何能在一百多亿年内（比现在地球年龄的两倍还多）生产出甘氨酸或异丙基氰化物，这并不是一个谜。

宇宙间可能有多少复杂的有机物质呢？我们的银河系中有几亿颗恒星，或多或少与我们的太阳相似，各种天文观测表明，恒星之间所有气体和尘埃的质量约为所有恒星质量的 10%。这意味着它们至少是太阳质量的 1000 万倍。我们可以看到，当这些气体和尘埃云被引力拉到一起而形成新的恒星和行星时，会发生什么。

有一个被称为 IRS 46 的系统，在其中一个巨大的尘土飞扬的物质盘围绕着一颗年轻的恒星。它类似于太阳在年轻时，地球和其他行星在其周围形成的物质云。可以对之进行详细的研究，因为它离我们相对较近——仅 375 光年远。这个物质盘含有高浓度的氰化氢和乙炔。当这两种化合物再加上水，被用于模拟太空条件的实验室的实验时，它们就反应生成了氨基酸。而在 2019 年，美国宇航局科学家们宣布，对卡西尼号太空探测器数据的分析显示，在土卫二（土星的卫星之一）的冰封海洋的活跃喷水口中存在着类似的生命构成物，它们从冰下深处的水热源中获取能量。强大的热液喷口自卫星核心处喷出物质；这些物质与卫星被巨大冰层覆盖的海洋中的水相混合，然后以水蒸气和冰粒的形式，通过巨大的间歇泉从冰层中喷出，并进入太空。卡西尼号上的探测器显示，这些分子凝结在冰粒上，它们是含氮和含氧化合物，就像我们在年轻恒星周围的尘埃圆盘中所看到的那样。正如斯坦利·米勒在他漫长的职业生涯中所证明的，只要有能量的输入，像氨基酸这样复杂的分子就会由简单的化合物组构而成，这不仅容易，而且不可避免。

作为蛋白质的组成部分，氨基酸是生命故事的一半。另一半涉及核酸 DNA 和 RNA。这些还没有在太空中被发现，但它们的构建块已经被捕获了。

两种核酸的核心成分都是一种叫作核糖的糖。核糖分子都是围绕着一个由五个原子（四个碳原子和一个氧原子）组成的环而形成的，它可以与环外的其他物质连接起来。在核糖中，三个碳原子分别与环外的一个氢原子和一个羟基相连。但在脱氧核糖中，三个碳原子中的一个只与两个氢原子相连，因此分子中的氧原子总数减少了一个。脱氧核糖是少了一个氧原子的核糖，也因此得名。[1]

人马座 B2 在其化学物质仓库中包含了核酸的组成部分。糖醛类分子（$HOCH_2$-CHO）是在这个星际云中发现的化合物之一，我们已经知道它们能与其他碳化合物迅速反应形成核糖。如果说我们在太空中发现了 RNA 和 DNA 的构建块，或许有些言过其实，但我们肯定找到了构建块的构建块——在 2019 年宣布的一项重大进展中，由奥巴康弘（Yasuhiro Oba）领导的一个团队宣布，他们在设计用以模拟星际云中存在条件的实验室中制造了 DNA 的组成部分。正如盖亚理论的创始人吉姆·洛夫洛克[2]所说："我们的星系似乎就像一个巨大的仓库，里面装着生命所需的零部件。"但即使生命所需的零部件在太空中大量存在，特别是存在于 IRS 46 等恒星周围的尘埃环中，当我们的星球还年轻的时候，这些构建块是怎么落到

---

1 在第六大支柱的讨论中，我将更详细地介绍 DNA 和 RNA 的结构。
2 吉姆·洛夫洛克（Jim Lovelock, 1919—　），英国科学家，环境科学作家，盖亚假说的提出者。在此假说中，地球被视为一个"超级有机体"（superorganism）。译者注。

地球上的呢？

　　覆盖在太空尘埃颗粒上的冰，提供了有机分子生成的场所，这也是像地球这样的行星如何形成的关键。当一颗恒星在引力的牵引下从一团巨大的气体和尘埃中坍缩而成时，一些尘埃会留在一个环中，就像在IRS 46周围的那个环。这样的坍缩从来就不是完全对称的，因为一切都在以这样或那样的方式旋转，所以尘埃会沉降成一个环绕母恒星的环。如果只是尘埃，它可能会一仍其旧。但由于它们被冰所覆盖，颗粒黏性很强，所以在碰撞时往往会粘在一起，形成越来越大的团块，直到它们变得足够大，自身足以承受将其他颗粒拉到它们身上的引力。然后，这些块状物可以聚集在一起形成大块的岩石，进而碰撞与合并，形成更大的组块，直至成长为行星。这一过程的最后阶段极其剧烈，可能与火星一样大的小行星相互撞击在一起，形成熔岩球形式的完整行星。到那时，形成地球（让我们称之为地球）的原始颗粒中的所有有机物，都已被热量破坏。但即使在地球形成之后，仍有巨大的岩石物质团块，其中有许多含有大量的冰或其他类型的物质，以及围绕着年轻的太阳的尘埃。

　　冰质的团块变成了彗星，彗星以及含有很少或没有冰的岩块被木星的引力抛入椭圆轨道，后者带着它们穿过太阳系的内部。在那里，贫瘠和缺乏大气层的年轻地球，正在凝固和冷却。其结果是，彗星对地球表面产生了如此剧烈的大量的撞击，以至于天文学家们将之称为晚期重轰击（Late Heavy Bombation，简称 LHB）。除此之外，LHB 也是月球表面破损的原因。当时，月球已经在环绕地球运行。对月球陨石坑形成的模式和月球岩石年代的测定分析，揭示了有关LHB 的信息。LHB 持续了几亿年，直到行星形成后在太阳系内部余留下的大部分碎片被消耗殆尽。这一过程直至将近 40 亿年前才结束。在不到两亿年的时间里，以蛋白质和核酸为基础的生命在地球上建立起来。这要归功于在 LHB 之后，来自太空的更温和的物质雨继续落在了我们的星球上。

彗星给地球带来了水和生命——或者至少是生命的前身。对这些事件的计算机模拟告诉我们，在彗星轰击过程中所释放的水，大约是今天海洋体量的 10 倍，释放的气体约是今天大气体量的 1000 倍。这有助于地球这一行星的冷却，而一部分挥发性物质，如水、二氧化碳和甲烷，逃逸到了太空。当地球表面被撞击所搅动时—— 这一过程被形象地称为"撞击犁耕"——一些物质与地表原始物质结合，形成了富含挥发物的岩石，这就是当今地壳的典型特征。一旦有了大气层和海洋，地球就为生命做好了准备，它随即被播种了种种生命的成分。

除了猛烈撞击年轻地球的彗星外，还有更多类似的天体穿过太阳系内部，并逐渐被太阳的热量蒸发掉。这是一个使得今日的彗星具有其特有的尾巴的过程，虽然当地球和太阳系尚年轻时，存在更多有着更令人印象深刻的尾巴的彗星。40亿年后，太阳系内部的大部分彗星早已被蒸发殆尽，但这就是我们得以留存于此的原因。彗星的尾部是一股当其蒸发时从冰冷的核心处逸出的气体和尘埃流，它被留在了彗星运行轨道所经的路径上。即使在今天，地球也经常经过这样一些彗星尘埃流，产生流星雨，就像沙粒大小的微小颗粒在大气中燃烧一般。然而，也有一些结构更为开放的物质，例如雪花，通过地球大气层沉降下来，到达地面。它们携带着同样的有机物质混合物，这种混合物（通过光谱）可以在彗星尾部看到，它们将形成行星系统的巨大星际云撕裂开来。这种物质的样本是用高空飞行的飞机和平流层气球收集到的。收集的数据显示，即便在今天，这一过程每年仍向地球表面输送约 300 吨有机物（含碳的多原子分子）。

正如达尔文所指出的，这种物质现在不再有机会发展成生命了。首先，它的大部分会和大气中的氧发生反应而遭破坏，而剩余的将会进入生物的食物链。但是，当地球刚刚冷却并形成海洋和大气层时，尚未有氧气和生物。那么，为了生命的萌发，曾有过多少彗星的甘露呢？

基于月球陨石坑的研究、今日彗星轨道的分析以及年轻太阳系动力学的计算机模拟等，天文学家们获得了一个粗略的想法。据他们估计，从晚期重轰击结束时算起，在大约 30 万年的时间里，掉落到地球上的有机物质与今天地球上所有生物中的有机物质一样多。从 LHB 末期到我们确定地球上有生命的大约 2 亿年的时间里，如果所有掉落的有机物都能被保存下来并均匀地分布于地球表面，它将形成一个每平方厘米含有 20 克有机物——最多或者可能含有氨基酸和核糖——的表层。这相当于地球表面每 3.5×3.5 平方厘米被铺上 250 克黄油。难怪生命之肇始如此迅疾——原初生命一经开始，在早期的几千年中，将有很多物质成为它的给养。

以上所述于今日已然是科学的一大支柱。洛夫洛克所指的宇宙仓库为年轻的地球播种了生命的原材料。但还有一个更具推测性的想法，当今可能正处于霍尔丹所分类的（i）和（ii）阶段之间。毫无疑问，氨基酸和（或许有）核糖存在于星际云中。事态会不会更进一步，在彗星内部产生蛋白质和核酸呢？这个想法并不像你想象的那么疯狂，因为引发气体和尘埃云崩塌而形成恒星和行星的导火索，往往是一颗超新星，即恒星的爆炸。这样一来就产生了放射性元素，在星际云中，掺入放射性元素的冰质团块，可以通过放射性衰变产生的热量，获得足够的温度，在其核心处融化成水。达尔文温暖的小池塘是否在地球形成之前就存在于这些冰质团块之中？你可以自己决定这种推测是（i）毫无价值的胡说八道，还是（ii）有趣但有悖常理的观点。但如果这是真的，它就意味着，至少在我们的宇宙近邻，其他行星上的生命将基于我们所基于的同一种蛋白质和核酸。

然而，即使不说那么远，我们也可以肯定，任何类似地球的行星都会孕育出与我们已知存在于星际云中行星相似的生命先兆。很难理解，在这种情况下生命是如何开始的——我们并不确切地知道，从无生命到有生命的这一步到底是如何发生的，但事实上，它在地球上发生得如此之快，表明这并不困难。这有力地证明了乔尔丹诺·布鲁诺是对的——可能真的有很多像我们这样的行星，每一个上面都居住着和我们具有相同物质构成的生命形式。

这就引出了另一个问题。组成有机分子的原子（如碳、氮、氧和氢）是如何进入太空中的气体和尘埃云的？那些超新星的爆炸为我们提供了部分的答案。但在它们发挥作用之前，复杂的核反应必定已在恒星内部发生了，而这些反应取决于另一个科学支柱。这一巧合如此惊人，几乎让人难以置信。

支柱五

碳原子的巧合

结合光谱学以及对恒星内部物理学的理解，我们发现，像太阳这样的恒星几乎完全由氢和氦组成，只有少量较重的元素（参见第二支柱）。在恒星的中心，这些元素不是以气体的形式存在的，就像今天它们在地球上一样。电子已经从它们的原子核剥离出来，原子核以巨大的密度挤在一起，不存在构成普通原子物质的虚空（参见第一支柱）。对太空中气体云的观察告诉我们，它们的成分相似，尽管在那里元素处于它们惯常的原子状态。这尘埃对生命如此重要，可我们知道它只是银河系中物质总量的很小的一部分。可能还有其他一些东西对宇宙的整体质量有所贡献，这些东西被称为暗物质和暗能量，但它们并不在本书的写作范围内。重要的问题是：我们是由什么材料构成的？我们在学校学到的被物理学家们称为重子物质的化学元素来自何处？

有大量证据表明，我们所知的宇宙诞生于138亿年前的一个非常炽热、非常致密的状态，这个状态被称为大爆炸。这些证据中的一部分来自对今日的宇宙正在膨胀（因此它的过去一定更加紧缩）的观测，另一部分证据来自对原始火球遗留下来的无线电噪声（所谓的宇宙微波背景辐射）的研究，还有一部分出自我们对物理定律的理解。基础物理学告诉我们，根据爱因斯坦那著名的方程式，由大爆炸能量产生的第一个重子物质是氢，它是最简单、最轻的元素。这些方程式还告诉我们，随着宇宙的膨胀和冷却，当年轻的宇宙仍然很炽热时，大约25%的氢会通过核聚变反应转化为氦。但大约三分钟后，宇宙由之诞生的火球就会冷却到不再会发生核反应的地步，留下由氢和氦的混合物（最初恒星和星系的原材料）构成的巨大云层，在膨胀的宇宙中彼此分离。不需要理解力上的巨大迁跃，我们就可以意识到，其他元素一定是后来在恒星内部制造出来的。但这是如何做到的呢？

　　如果要把论题放在切合的视角，借以看出我们所谈论的东西到底有多大（或有多小！），我们可以来考察太阳系的构成，因为它代表了我们在围绕其他恒星运行的行星系统中可能发现的东西。如前所见，太阳的构成是71%的氢，27%的氦，其他所有物质加起来也才占2%的质量；而就原子核的数量来说，氢占91.2%，氦占8.7%，其他一切仅占0.1%。但是当太阳还年轻的时候，许多较轻的物质被从尘埃盘中吹走，行星是在尘埃盘中由年轻恒星的热量而形成的。行星和我们自身，都是由剩下的东西组成的。如果将太阳系视为一个整体，由于一些轻物质的损失，氢就占去了它质量的70.13%，氦占了27.87%，而氧占有0.91%，是最为寻常的第三大元素。尽管氢在生命化学（记住CHON）中很重要，但它的起源并不神秘，所以我们可以把它放在一边，看看太阳系中那由相对较重的元素组成的2%。它们的量如此之小，以至于从原子数而不是自质量方面来谈论它们才是有意义的。

如果仅取太阳系中最多的前十个元素，但不试图给出氢和氦（前两个元素）的确切数量，相对于每70个氧原子，就有40个碳原子、9个氮原子、5个硅原子、4个镁原子以及4个氖原子、3个铁原子和2个硫原子。只有五种其他元素（铝、氩、钙、镍和钠）可以达到硫的丰度的10%到50%之间，所有更重的元素都非常罕见。举例来说，相对于每1000万个硫原子，只有三个金原子，这就是金具有其价值的原因之一，也告诉了我们关于宇宙的一些深刻的东西，我很快就会讲到。

第一条关于这些元素是如何在恒星内部形成的线索，就来自这前十的名单——或者至少是排在前十中比氦更重的成员。氦原子的原子核（严格地说是氦–4原子）与α粒子相同，是由两个质子和两个中子组成的。一个碳原子核由六个质子和六个中子组成，就像三个 α 粒子粘在一起，这给了它碳 –12 的叫法。在此基础上加入另一个 α 粒子得出氧来。氮、硅、镁、氖和铁的原子核都含有大量的 α 粒子。如果 α 粒子能被添加到恒星内部的原子核中，它们将完全建立起这条元素链。稀有元素可以通过偶然的核反应过程——包括电子、中子和质子等杂散粒子与最常见的原子核的相互作用——而产生。这种重元素的建构之所以可能发生，是因为它所涉及的能量平衡有利于较重（质量更大）的原子核，而不是较轻的原子核。氢元素转化成氦并一直转化至铁元素，就是这样的情形。例如，一个碳 –12 原子核的质量略小于三个 α 粒子，如果三个 α 粒子（无论以何种方式）被结合成一个碳 –12 原子核，"损失"的质量将作为能量释放出来。类似地，就总能量而言，氧原子核的架构比具有一个单独的 α 粒子的碳原子核更加高效，依此类推，直到铁元素。更重的元素是另一个谜，因为它们的原子核在质量—能量上是低效的，所以需要能量的输入来迫使其原子核相互挤压，以制造诸如金之类的元素。但重要的事项往往最先被触及。20 世纪 40 年代，当开创性的天体物理学家弗雷德·霍伊尔[1]解决了后来被称为恒星核合成的问题时，他首先提出了让恒星内部的一切都变成铁元素的难题。

当较轻的原子核结合在一起形成较重的原子核，直至铁元素时，核聚变将会释放能量。但是所有的原子核都带正电荷，并且相互排斥。只有当它们紧紧地挤在一起，以至于核力压倒了试图使原子核分离的电场力时，才能融合。这意味着它们在碰撞时必须是高速运动的，而它们的速度与温度有关。到了 20 世纪 40 年代中期，物理学家们对不同的聚变反应所需的温度有了很好的了解，但在通过添加 α 粒子建立原子核的过程中，其中一个最初的步骤仍存在一个很大的问题。

或许你已经注意到，我没有提及任何由两个 α 粒子组成的原子核。与此相对应的元素叫作铍 -8，但它从未被在自然界中发现。铍 -8 原子核是不稳定的，当被人为制造的时候，它们几乎立刻就散开了。有几

---

1 弗雷德·霍伊尔（Fred Hoyle，1915—2001），英国天文学家。1967 年，霍伊尔同福勒和瓦戈纳一起以大爆炸理论阐明了轻元素的起源问题。为纪念这位天文学家，第 8077 号小行星以他的名字"霍伊尔"命名。译者注。

位天体物理学家提出，跨越氦–4和碳–12之间空隙的方法是，三个α粒子在一颗恒星内同时聚集在一起，在没有形成铍–8的情况下，而融合形成一个碳–12原子核。但这样的三粒子碰撞需要如此巨大的动能，以至于它更像是一个事故现场，而非α粒子间的平滑融合。这样一个进程如何才能顺利进行呢？

霍伊尔的洞见始于这样一个意识，即三个α粒子没有必要同时碰撞。虽然铍–8的寿命很短，每个原子核的寿命只有10秒左右，但在恒星的核心处所具有的条件下，有太多的α粒子，它们之间的碰撞将不断地制造出铍–8。所以总会存有一些铍–8，就像一个被打开塞孔放水的水槽中总会有水，因为它在被一个打开的水龙头不断地倾注水。在中心温度约为1亿摄氏度的恒星中，大约每100亿个原子核中就有一个是铍–8。所以总是有大量的铍原子核是α粒子的"目标"，这就为碳–12原子核的制造提供了机会。但即使是这样的前景也并不乐观，因为除非另外一个因素也在起作用，否则它就无法产生出足够的碳来解释宇宙中被发现的碳含量。

1953年，霍伊尔意识到了另外一个因素是什么。所有的原子核都能以不同的能量状态存在，这被称为

弗雷德·霍伊尔

A. Barrington Brown © Gonville & Caius 学院 / 科学图片库提供图片

共振。对此，通常的比喻是被弹拨的吉他弦——这其中有一个基本音符，但它也可以奏出这个音符的不同的泛音。原子核有一个基本的能级（基态），但如果给它们额外的能量，它们就可以跳到一个"激发"态，就像一个球通过楼梯上升到更高的台阶。也像球从楼梯上弹跳下来一样，这些被激发的原子核很快就会释放额外的能量（可能是伽马射线的形式），并重新回到基态。

霍伊尔计算出，在恒星内部的条件下，当其他条件相等时，一个 α 粒子与一个短命的铍原子核的碰撞只会把后者炸开。但他推断，如果传入粒子的能量恰到好处，它则会轻轻地推动合并的原子核进入碳 –12 的激发态——就像一个球被轻轻地放在楼梯的高台阶上，从那里它可以辐射出能量，并跃下进入碳 –12 的基态。问题是，只有当碳 –12 原子核的激发态处于一个非常精确的能级，比基态高 765 万电子伏（以物理学家们使用的单位来计）时，这个策略才起作用。如果能量水平再高出 5%，这个策略就行不通了，而且甚至没有人知道碳 –12 有没有这样的激发态。

霍伊尔的想法无人重视，不过在他看来，自己的论证无懈可击。碳存在于宇宙之中，事实上我们就是部分由碳构成的。它一定是在某个地方被制造出来的——除了在恒星内部，它还能在哪里被制造出来呢？当时，霍伊尔虽就职于英国剑桥，但正在访问加州理工学院。他借此机会请求实验物理学家威廉·福勒[1]进行了一项实验，以验证他的想法——寻找碳–12被预测的共振。实际上，他所做的不仅仅是请求，而是缠着福勒让他屈从。福勒告诉我，他认为霍伊尔疯了，但他最终同意成立一个小组来做实验，好让霍伊尔闭嘴。不管动机如何，实验都完成了。花去的三个月时间，证明霍伊尔是对的。事实上，碳共振正是解释"三重阿尔法"过程如何运作的恰当着力点。每一个人都很惊讶——每一个人，除了霍伊尔。

这是科学最伟大的成就之一，或许也是一个理论做出预测并被实验验证的最重要的例子。虽然这个成就完全值得一个诺贝尔奖，但霍伊尔从来没有得到。倒是福勒，因他和霍伊尔以及其他两个同事基于这一开端所进行的拓展研究，而荣获了诺贝尔奖。

在下一次访问加州理工学院期间，霍伊尔结识了

1　威廉·福勒（William Alfred Fowler, 1911—1995），美国核物理学家。译者注。

英国夫妻团队杰弗里和玛格特·伯比奇。他们当时暂住在加州（最终在那里定居），尝试研究光谱学所揭示的恒星中各种元素的确切丰度的意义。福勒也参与了这项工作，他的团队基于对各元素构成比例的实际观察，计算了恒星内部有着稳定供应的中子如何将经由阿尔法粒子产生的原子核转化为其他元素。霍伊尔最初与这项工作保持着一定的距离，但在 1956 年，这四个人齐聚在加利福尼亚，把一切都写进了一篇宏大的科学论文中，并发表在 1957 年 10 月的《现代物理学评论》（*Reviews of Modern Physics*）上。这篇杰作的作者是按字母顺序排列的，依次为伯比奇、伯比奇、福勒和霍伊尔。时至今日，这一组合仍被简称为 B^2FH。[1] 但每个人（除了诺贝尔基金会之外的每个人）都知道，这篇作品的指导灵感来自霍伊尔。最终，在 1983 年，福勒独自一人因这一突破而荣获诺贝尔奖。虽然他很尴尬，但还是接受了这个奖项。福勒去世后，杰弗里·伯比奇在他的老朋友的讣告中提到了这个决定。他说，这个奖项"在 B^2FH 中引发了一些紧张关系，因为我们都知道这是一个团队的努力，而

---

1 读作"B 平方 FH"。

最初的工作是由弗雷德·霍伊尔完成的"。但无论谁得到了认可，这项工作都成为科学的支柱之一。如果没有碳核共振和恒星内部高速运动的 α 粒子携带的能量之间的这种巧合，那么在恒星形成的气体云中就不会有碳、更重的元素、复杂的分子，也不会有地球这样的行星以及宇宙中像我们这样的生命体。

这项工作基本上解释了所有元素是如何在恒星内部被制造的，其中包括铁 –56 和镍 –56（铁 –56 在每个原子核中含有 26 个质子和 30 个中子；镍 –56 在每个原子核中有 28 个质子和 28 个中子，由 14 个 α 粒子结合在一起）。制造更重的元素，涉及当今宇宙中被观测到的最剧烈的一些事件——整个恒星以超新星的形式爆炸。福勒和霍伊尔（按字母顺序来说）也参与推进了这一对恒星核合成的理解。但自那以后，这种理解被扩展到了更多对剧烈事件的研究上。

超新星连接所涉及的恒星的质量比太阳大得多。对于质量约为太阳质量 1 到 4 倍的恒星，在其核心处将氢转化为氦后就会收缩一些，这个过程中它会变得更热，并将氦"燃烧"成碳和氧的混合物。但这就是问题所在。在其生命的后期阶段，恒星将大量的物质，包括碳和氧，吹到太空中，然后沉降为白矮星——一种冷却的焦渣，质量接近于今天的太阳，但并不比地球大。更多大质量的恒星，会带来更有趣、更壮丽的生命。额外的质量是很重要的，因为需要更多的向内的压力才能使恒星内部足够热，以使连续的核燃烧阶段性地发生。在大约4亿摄氏度的温度下，通过 B^2FH 所研究的过程，碳被转化成氖、钠和镁；氧燃烧在大约10亿摄氏度的温度下产生硅、硫和其他元素。以这种方式产生的硅–28（实际上是七个 α 粒子结合在一起）最终被转化为铁和镍。但在这一过程的每一个阶段，都会留有残余物，因此一颗大质量恒星在生命结束之时会包含一个氢原子的核心，其周围是一层氦原子壳，后者又被其他元素组成的壳接连包围——这些元素就像洋葱皮一样层叠在一起。

当所有的核能都耗尽时，恒星就会崩溃。但这也将释放引力能，并产生大量的热量，以至于恒星以超新星的形式爆炸。爆炸的一部分向内发生，压缩恒星的核心，把自身变成中子星（质量相当于我们的太阳被挤压成一个直径约20公里的球），甚至变成黑洞。但大部分爆炸都是向外的。它为在恒星的外层制造出比铁更重的元素提供了能量，并将这些元素和恒星生命期间所积累的其他元素扩散到太空中，成为形成新恒星和行星的原材料——并且，至少在其中一颗行星上，形成了人类。

时至20世纪60年代末，这一切都变得清晰起来，在随后的几十年里，许多细节被补足进来。然而，就此仍有一个棘手的问题。尽管在宇宙中发现的诸如金等重元素的迹象很少，但不断改进的计算和计算机模拟表明，超新星爆炸对于观测结果的解释还是不够的。将观测到的超新星爆炸的速率与观测到的宇宙中的金、铂和铀等物质的数量进行比对，科学家们发现，只有一半的重元素能够以此得到解释。剩下的元素还需要一些别的东西，在不知其为何的情况下，天文学家给它起了个名字——千新星（kilonova）。千新星爆炸最终在2017年被探测到，但（最初）并非通过其本身的光；它们完成了诸种元素起源的故事，并证实了这些计算的准确性可以追溯到霍伊尔的洞见。

2015年9月14日，天文学家开启了一扇新的宇宙之窗。他们第一次探测到来自遥远宇宙的剧烈事件的引力波（太空中的涟漪）。这一事件是两个黑洞的合并。引力波的发现早就在人们的预料之中——它们出自爱因斯坦广义相对论的预测，而且是人们长期不懈寻求的。但当它们到达地球时，就变得极其微弱，很难被观测到。进行这项观测的"望远镜"是以4公里长的真空管为基础的，在真空管中，反射激光的反射镜在隧道中来回移动，其平衡如此精细，监控如此精确，以至于当反射镜移动的距离小于一个原子的直径时，这种摆动就能被测量。[1]爱因斯坦的理论准确地预测了来自黑洞合并的引力波将产生何种摆动，2015年9月所检测到的正是这种摆动。从那以后，全世界范围内的探测器（现在有两个在美国，欧洲和印度各有一个）已经发现了其他几个引力波"事件"——天文学家们热衷的叫法，而且其中一个与我要讲的故事尤其相关。

2017年8月17日，探测器探测到了一种稍有不同的引力波式样，持续时间仅为100秒，这与两颗中子星相互碰撞时所预测产生的式样相符。这尤其令人兴奋，因为与两个黑洞的合并不同，中子星碰撞预计会产生光爆炸和其他辐射，如伽马射线。事实上，中子星合并是假说中的千新星爆炸的可能先兆，在这种爆炸中会形成非常重的元素，天文学家根据像我们

---

1 详细信息，请参阅 https://www.amazon.co.uk/Discovering gravity-Waves-Kindle-Single-ebook/dp/B071FFJ T74。

这样的星系中恒星的数量，计算出了这种事件的普遍性。[1]天文学家们通过观察大致指出了引力波来自的方向，并在其被探测到的几个小时内就把望远镜对准了那个方向。他们在距我们大约1.3亿光年远的星系NGC 4993中发现了一个短暂的明亮天体。那是一颗千新星。光谱学表明，千新星确实产生了很多重元素，比如铀、黄金和铂金，其中包括200倍于地球质量的黄金和500倍于地球质量的铂金。当这些在此次爆炸中产生的元素数量被乘以计算出的中子星合并的频率时，结果显示，这样的爆炸确实可以产生那些"丢失"了的诸重粒子的一半。除此之外，这还意味着，如果你有一个结婚戒指或其他一些由金或铂金制成的物品，你蛮可以确定这个物体中的许多原子都是在两颗中子星碰撞时产生的。这些原子在巨大的爆炸中被扩散到太空中，产生了形成太阳和地球的尘埃云。

由此我们知道，这些元素是如何在恒星中形成的，知道这些元素在太空中被结合成复杂的有机分子，也知道了这些复杂的分子在地球形成后不久就被轻轻地

1　由于中子星的密度非常大，这些碰撞在制造重元素方面非常高效；但它们产生的光只有超新星的十分之一，因此很难找到它们。

带到了地球表面，并在那里成为生命的关键成分。但是这些成分是如何协同工作来制造像我们人类这样的存在的呢？答案涉及另一个令人惊讶的科学支柱。

支柱六

生命之书由三个字母写就

生命的复杂性是由蛋白质和核酸两个分子家族建构的，这些分子本身由相对温和的化合物构成。地球上自然存在的元素有 92 种，但其中只有 27 种是生物所必需的，且并非所有 27 种元素都存在于所有的生物中。

蛋白质有两个作用。一种蛋白质提供身体的结构，比如头发、肌肉、羽毛、指甲和硬壳。结合 X 射线分析、化学，以及对（将原子结合在一起形成分子的）量子力学过程的理解，显示出这些蛋白质是由氨基酸长链组成的，后者形成了螺旋结构。很明显，这种分子可以产生长而纤薄的东西，比如头发，但是当单个螺旋通过某种化学键被并排连接在一起时，它也可以生出坚硬的东西，比如指甲。所有这些结论都是由莱纳斯·鲍林[1] 和他在加州理工学院的同事们建立起来的。他们在 1951 年的《美国国家科学院学报》上发表了一系列关于蛋白质结构的开创性论文，共有七篇。另一种蛋白质提供为身体工作的成分，例如在血液中携

---

[1] 莱纳斯·鲍林（Linus Pauling, 1901—1994），美国化学家，量子化学和结构生物学的先驱者之一。1954 年因在化学键方面的工作取得诺贝尔化学奖，1962 年因反对核弹在地面测试的行动获得诺贝尔和平奖。译者注。

带氧气的血红蛋白，以及促进（或在某些情况下抑制）某些对生命重要的化学反应的酶。对于它们的结构的解谜，被证明是一个更难破解的难题。

这种蛋白质之所以很难被解构，其中一个线索就来自它们最终得到的命名——球状蛋白质。原来，它们也是由长链氨基酸组成的，只是在这种蛋白质中，这些长链卷曲成了小球，并且每种球状蛋白质都有自己独特的三维形状。这种球蛋白质的形状，与其化学成分一道决定了它在生命化学过程中的作用。例如，血红蛋白有一个空腔，这个空腔的大小和形状正好适合一个氧分子。或者让我们来看一种球状蛋白质，它有两个窝槽，每一个恰好适合不同的小分子落座。后者一旦落座，就将以一种在其中间可以形成键连接的方式排列，而后被释放为单个较大的分子。这让人想起地球在形成之前，小分子在太空深处的冰粒表面聚集的方式。例如，一种酶可以在无意中反复地将特定氨基酸对连接在一起，形成酶生长链中的一环，而这一链条将成为另一个蛋白质分子。

血红蛋白本身的结构，是由英国医学研究委员会实验室资助的研究人员在1959年确定的。它由四条链组成，每一条链都由相似的氨基酸组成，它们锁在一起形成一个大致呈球形的球，球的表面实际上有四个口袋，氧分子可以安顿在那里。而且，这些几乎相同的链条，在马和鲸鱼等不同生物的血液中起着完全相同的作用。进化是非常保守的——一旦它找到了一个擅长做特定工作的分子，就会坚持使用这个分子而不更换它。但是它怎么知道如何制造这些分子呢？这就是正式讨论核酸的切入点了，尽管 DNA 和 RNA 的作用花了很长时间才被认识。

当核酸第一次被鉴定为活细胞的主要成分时，它被认为是某种结构材料，类似于支架，上面附着着更为复杂以及（被认为）更有趣的蛋白质分子。这是一个简单易犯的错误，因为自表面上看，DNA 和 RNA 分子本身是简单的。它们各自都是长分子，由四个被称为碱基的亚单位组成，其中三个在 RNA 和 DNA 中是相同的；第四个碱基在两个分子中不同，所以两者总共有五个碱基。它们是尿嘧啶（U）、胸腺嘧啶（T）、胞嘧啶（C）、腺嘌呤（A）和鸟嘌呤（G）。DNA 分子含有 G、A、C 和 T，而 RNA 分子含有 G、A、C 和 U。U、T 和 C 围绕着碳原子和氮原子的六边环而组建，A 和 G 是基于两个这样的环并排连接而成。这些碱基附着在含有相关糖（核糖或脱氧核糖）

的主干上，这些糖相连成链，碱基伸出到主链的一侧。然而，直到20世纪50年代初，此中细节才被揭晓。其时，剑桥大学的弗朗西斯·克里克[1]和詹姆斯·沃森[2]利用罗莎琳德·富兰克林[3]和雷蒙德·戈斯林[4]在伦敦国王学院获得的X射线数据——这数据是后两者的一位同事在他们不知情或未经允许的情况下传给沃森的，确定了著名的DNA"双螺旋"结构。原初的观点是，碱基是沿着支架的各个部分以规则的方式排列的，比如DNA中的GACTGACTGACTGACT和RNA中的GACUGACUGACUGACU。但这一"信息"并没有传达出大量的信息。

20世纪40年代中期的状况或多或少就是如此。众所周知，作为传递生命蓝图或者秘谱的遗传物质，是包含在细胞核中的一种被称为染色体的大结构中的。这些染色体被复制并传递给后代，使秘谱得以延

---

1 弗朗西斯·克里克（Francis Crick，1916—2004），英国分子生物学家、生物物理学家、神经科学家。译者注。
2 詹姆斯·沃森（James Watson，1928—   ），美国分子生物学家、遗传学家、动物学家。译者注。
3 罗莎琳德·富兰克林（Rosalind Franklin，1920—1958），英国化学家、X射线晶体学家。译者注。
4 雷蒙德·戈斯林（Raymond Gosling，1926—2015），英国科学家，是DNA结构的推导者之一。译者注。

雷蒙·戈斯林
伦敦国王学院档案馆 / 科学图片库提供图片

续。但我们知道，染色体同时含有 DNA 和蛋白质，而蛋白质被认为是传递信息的重要组成部分。细胞可能"知道"如何制造它所需要的蛋白质来发挥其功能，其中一种方式或许是——举例来说，如果每种蛋白质的一个样本都被连接到 DNA 支架上，这样可以在必要时进行复制。这不无道理，但却是错误的。[1]可即便如此，染色体显然是以某种形式的"密码"携带着生命的秘谱。

让科学家们追寻生命密码的人是物理学家埃尔文·薛定谔，他是当今最著名的量子力学"猫悖论"的创始人。[2]1943 年，薛定谔在都柏林的高等研究所工作，在纳粹占领奥地利后，他作为难民移居到那里。那一年，他在三一学院做了一系列讲座，主题是"生命是什么"。第二年，它们在一本同名的书中结集出版。这本书将对包括克里克和沃森在内的一代科学家产生巨大影响，第二次世界大战结束后他们开始破解生命的密码。

薛定谔引介并传递给这些研究人员的关键思想，

---

1 几乎与事实相反，在染色体中，蛋白质是结构材料，而 DNA 携带信息，我将对此作出解释。
2 参见我的书：《六件不可能的事》。

是"活细胞最重要的部分——染色体纤维——可以被适当地称为**非周期晶体**"[1]。他认为染色体的关键成分是蛋白质，但这并不重要，因为他的见解对于由DNA构成的纤维同样有效。用他的术语来说，一个周期性晶体类似于普通食盐氯化钠的结构，其中钠（Na）和氯（Cl）原子交替形成一个重复的三维排列，NaClNaClNaClNaCl……它有一个结构，但传递的信息很少。与此非常近似的想法是，DNA类似于支架，蛋白质则有可能悬于其上。薛定谔所说的非周期晶体，可以用织毯来理解。如果你有几股几种颜色的线（例如，红色、黄色、蓝色和绿色），那么它们可以被并排排列，然后编织成条纹毯子里各种颜色的彩带。对于周期晶体而言，情况是一样的。或者，同样的线可以用更复杂的方式编织成一朵花的图案，这就相当于一个非周期晶体的情况了。薛定谔指出，虽然只是由几种不同颜色的线组成，"拉斐尔挂毯"却有着一种"没有单调重复，而是富于精巧、连贯、有意义的设计"的结构。

　　薛定谔还指出，他所说的由染色体纤维中的非周

1　引文中的黑体字是薛定谔标注的重点。

期晶体携带的"密码脚本"，可以包含制造蛋白质所需的所有信息，而不必将每种蛋白质的一个副本作为模板携带在染色体本身中。仅仅需要 20 种不同的氨基酸，就可以制造所有不同的对生命至关重要的蛋白质。而如果把这些氨基酸看作沿着蛋白质分子串成一个句子（或一本书）的"单词"，你将有几乎一样多的余地来传达信息，就像我用以写作这本书的英文字母表中的 26 个字母，其中（我希望你会认同）包含着比从 A 到 Z 的无聊重复的字母表更多的信息。但是你需要由 20 个字母的字母表来写生命之书吗？

薛定谔意识到，像氨基酸这样复杂的东西是没有必要的。即使单个原子，只要组织得当，也能胜任这项工作："这种结构（非周期晶体）中不同原子的数量不必很多，就能产生几乎无限多的可能排列。"他举了摩尔斯电码的例子，后者只有两个基本记号——点和破折号，但它们最多却可以组合成 4 个符号，从而形成 30 种不同的规制，足以容纳英文字母表外加几个标点符号。而且，如果启用第三个记号，以不超过 10 个符号为一组去使用，"你可以形成 88572 个不同的'字母'；5 个记号最多可组成 25 个符号，那数量就是 372529029846191405"。就此来说，薛定谔有些被他作为物理学家所接受的训练给迷住了，因为毕竟不需要这么惊人数量的单词。然而，这也只是在确定了DNA的结构之后才真正变得清楚起来。

这个故事太有名了，无需赘述细节。但重要的是，每个DNA分子都由两条链组成，在著名的双螺旋中相互缠绕。每一条DNA链都有一根由磷酸基团连接在一起的糖链组成的骨架（磷酸基团由被四个氧原子包围的磷酸原子组成）。正如我们前面所见，碱基（G、A、T和C）附着在糖基上，并从骨架侧面伸出。由于它们的形状和一种被称为氢键的微弱的电场吸引力，这些不同的碱基对彼此之间具有亲和力。胸腺嘧啶和腺嘌呤自然地以这种方式连接在一起，就像胞嘧啶和鸟嘌呤一样。这使两股DNA结合在一起，但相对松散。在一条链上，每一处有T的地方，在与之对应的另一条链上都有A；在一条链上，每一处有C的地方，对应链上就有G。反之亦然。这种配对是克里克—沃森的DNA模型的关键。在1953年发表于《自然》的著名论文的结尾处，他们相当矜持地说：

　　　　我们所假设的特定配对，立刻暗示了遗传物质可能的复制机制，这并没有逃过我们的眼睛。

　　这是他们采取的策略，以确定对此观点的优先权[1]：DNA可以被复制，如果两股链条解开，而后每一股通过连接细胞化学液中的其他成分而为自身各建立一个新的伙伴。单链上的每一个A从细胞液中捕获一个T，每一个T捕获一个A，每一个G捕获一个C，而每一个C捕获一个G。结果造就了两个相同的双螺旋，而原本只有一个——遗传物质被复制了。在1953年，细胞的这种机制是如何运作的还远未被理解，但此中重点在于，这在原则上显然是可行的。由此引起的一个大问题是，被复制的是什么呢？DNA又是如何在生命之书中储存信息的？

　　正是另一位物理学家，俄裔美国人乔治·伽莫[2]让人们——尤其是弗朗西斯·克里克——走上了这条探寻之路。后来，伽莫1953年在加州大学伯克利分校做访问时说道：

1　这个策略奏效了，我在这里引用它的事实证明了这一点。

2　乔治·伽莫（George Gamow，1904—1968），俄裔美国物理学家。译者注。

我穿过辐射实验室的走廊，看到路易斯·阿尔瓦雷斯手里拿着《自然》杂志……他说："看，沃森和克里克写了一篇多么精彩的文章啊。"这是我第一次看到它。然后我回到华盛顿，开始思考这个问题。[1]

伽莫提出了这样一个观点：如果沿着 DNA 的碱基按照 DNA 分子的正确顺序携带蛋白质所需的每一种氨基酸的编码，那么蛋白质分子可以直接沿着 DNA 链构建起来。这与薛定谔的想法不谋而合，但他对此一无所知。伽莫写信给沃森和克里克，阐述了他的想法，并在 1954 年出版的《自然》杂志上发表了一篇论文：

> 任何给定有机体的遗传特性，都可以用四位数字系统中的一个长数字来表示。另一方面，蛋白质是由大约 20 种不同种类的氨基酸形成的长肽链……问题是如何将四位数字翻译成氨基酸。

1　美国国会图书馆乔治·伽莫馆藏专访，华盛顿特区。

虽然伽莫的想法的细节是错误的，但通过以这种方式谈论生命的密码，他促使克里克和其他许多人试图找出这种"翻译"是如何工作的。关键的一步是了解另一种核酸——核糖核酸——的作用。

关于DNA如何积极参与细胞工作的一个谜团是，DNA被包裹在细胞核的中心。所有的行为，包括蛋白质的制造，都发生在细胞的外部，即细胞质之内。外部只有很少的DNA，但却有大量的RNA。尽管一个特定有机体的每一个细胞中的DNA数量始终是相同的，但是每一个细胞中RNA的数量，以及同一个细胞的不同时间中RNA的数量都有很大的差异。很明显，正是RNA直接参与了蛋白质的制造，DNA中的一些基因密码根据需要被复制到新的RNA链上，然后RNA被释放到细胞质中用以构建蛋白质分子，这种方式大致符合伽莫的看法。之后，RNA链被分解，其各部分被重复使用。DNA就像一个图书馆，一个信息仓库，从中可以根据需要将制造特定蛋白质的书籍、说明书复制到RNA上。当细胞核中的一部分DNA分子被解开并复制到RNA上时，使用那没有逃过克里克和沃森眼睛的机制，每个T都被一个U取代，但并没有其他显著差异。因此，为了简单起见，从现在开始，当讨论遗传密码时，我将用 RNA 的碱基 U、C、G 和 A 来描述它。

破解密码需要很多人进行大量的生物化学研究，需要一步一步地揭开细胞工作的细节。但这里不是讨论所有细节的地方，你可以参看贺拉斯·贾德森[1]的书，而我将集中讨论实验背后的思考，以及由实验得出的结论。很早的时候，研究人员就决定专注于三元组编码，而不是伽莫建议的四位数字编码，因为只需要三个字母就足够了。如果你有四个碱基，把它们各自当作一个字母来处理，那么单独使用每一个碱基，只能编码四种氨基酸。以成对的方式一次处理两个碱基，可以有 16 种不同的排列方式——16 个单词，但也不足以编码生命所必需的 20 种氨基酸。但是有了三个字母的单词，或者三字母组合，你就可以得到 64 种不同的组合，足够编码所有必需的氨基酸了，并可留下一些组合充当标点符号的等价物，包括用于特定"信息"开头和结尾的标记。如果使用四个字母的代码，

---

1 贺拉斯·贾德森（Horace Judson，1931—2011），美国分子生物学史家。译者注。

单词的数量将是 256 个，就远远超出了需求。

在 20 世纪五六十年代，生物化学家们进行了一些实验，研究由各种碱基组成的 RNA 链，以了解它们制造什么样的蛋白质。其中一个关键的突破，是发现了一条带有碱基重复链 UUUUU……（聚尿嘧啶核苷酸）的单调 RNA 链，当被放在模拟细胞内部的适当化学环境中时，会形成一条由氨基酸苯丙氨酸（phe）的重复单元组成的单调链条。苯丙氨酸苯丙氨酸……（聚苯丙氨酸）。从技术层面上讲，这是一种蛋白质，但它对生物却毫无用处。然而，这意味着第一个三字母单词已经被识别。RNA 中的编码 UUU 对应于氨基酸 phe。顺着这些思路进行的大量工作，引致了对编码的完全理解。由碱基 U、C、G 和 A 组成的三字母中的每一个，都与特定的氨基酸或标点符号相连。虽说一些氨基酸是由几个三字母编码的——例如，缬氨酸可以用 GUU、GUC、GUA 或 GUG 来表示，但这种冗余并不影响生命之书的阅读方式。虽然看起来很奇怪，整个生命故事确实是由各种三个字母的单词写就的，只是你需要很多单词来讲述这个故事。

这本书有多大呢？在人类细胞中，被包裹成染色体的 DNA 在细胞核中盘绕成一圈，继而又相互盘绕成超级螺旋。在每一个细胞中，大约有30亿对碱基连接在DNA链上，它们紧密地排列在一起，只占据了大约6微米（百万分之六米）宽的空间。如果所有这些DNA都能被解开并伸展开来，它大概有两米长。如果你体内所有细胞中所有的DNA都以这种方式展开，并首尾相连，它将延伸大约160亿公里——是地球与太阳距离的1000多倍。

确切地说，对于DNA片段是如何从这种致密状态中展开出来，并在需要时复制到RNA上，目前尚不完全清楚。但这一过程有个关键的特点可能已经被把握住了。因为DNA分子的双链只是通过氢键松散地结合在一起的（就像我之前顺带提及的那样），这种理解才有可能。所以DNA分子可以像拉链的两边一样打开和关闭。氢键是我们所知道的生命存在的关键，在另一个科学惊喜——冰的难以置信的轻——的背景下，氢键更容易被理解。

支柱七

冰难以置信的轻

冰浮于水面。这如此明显，以至于大多数人从来不曾细究。但这是我们生活环境中一个关键的特性，而且它显然很奇特，正如一个小小的家庭实验就可以表明的那样。如果你拿两个透明的容器，一个容器装满水，另一个容器装满橄榄油，然后把它们放进冰箱，液体就会凝固。水将结冰，而橄榄油变成了类似黄油的固体。现在把容器拿出来，放在温暖的桌子上解冻。在一个容器中，当冰融化时，液态水在底部形成，直到剩下的只是浮在水面上的一层冰。另一个容器的情况是，底部的油块保持固态，而融化的油上升到表面，在固态油块上方形成液体层。第二种情况更能代表事物的表现。大多数固体比其液体形态重（密度更大），所以它们会在液体中下沉。为什么冰却不同呢？这又是如何影响地球生命的进化的？

尽管人们以前注意到水在冰点附近的状况，这有时被称为"冷膨胀"，但第一个对这一现象进行像样的科学研究却是本杰明·汤普森（拉姆福德伯爵）[1]，他是在 19 世纪的头十年里完成的。拉姆福德是一个

1　本杰明·汤普森（Benjamin Thompson，1753—1814），对 19 世纪热力学的发展有重大贡献，与约瑟夫·班克斯一起于 1799 年建立了英国皇家科学研究所（Royal Institution）。译者注。

多姿多彩的人物，他本身就值得写一本书。1753年，他在美洲殖民地开始了朴素的本·汤普森的生活，为美国独立战争中的英国一方作战。战后他去了巴伐利亚（在那里，因他对公爵的周到服务而被授予伯爵头衔），对热的性质进行了开创性的研究，并在伦敦建立了皇家研究所。在这个过程中，他研究了水在接近冰点时会发生什么。

拉姆福德从没在工作上掉过链子，在瑞士阿尔卑斯山和美丽的玛丽·拉瓦锡夫人（先驱化学家安托万·拉瓦锡的遗孀，后来两人结婚）度假时所进行的观察，激发他做了一些研究——这是拉姆福德的典型风格。在夏蒙尼冰川的巨大冰块的表面，拉姆福德看到了"一个完美的圆柱形坑洞，其直径约7英寸，深超过4英尺，里面充满了水"。在导游告诉他这种坑很常见后，他推断出了它们是如何形成的：温暖的夏季风吹拂冰面，可以融化平缓自然洼地表面的冰。这些水坑顶部的水比下面的水稍微暖和一些，所以密度更大，继而下沉，把热量释放到水坑底部的冰上，使之融化。现在稍微凉一点的水变轻了，上升到表面，被下降的稍暖的水所代替。这是一个完美的反向对流的例子，"坑的深度由此不断增加"，直到寒冷的天气回返。拉姆福德在1804年发表于皇家学会《哲学汇刊》上的一篇论文中论述了这一切，他强调这些研究"不应被视为适于非常精确地确定水的密度达到最大值时的温度，而应被视为证明这一温度实际上比融化的冰的温度要高几度"。

但仅仅一年后，他向法国国家研究所提交了一篇论文，描述了一个简洁的实验，该实验确实合理而准确地确定了水在最大密度时的确切温度。

拉姆福德在一个容器里装满了处于融点的冰，温度恰好在水的冰点。在冰容器里还有第二个容器，里面又有一个小的杯状容器，与温度计相接触。杯子正上方有一个加热球，可以把它浸入冰容器顶部的泥浆中，加热那里的水。正如拉姆福德所预料的那样，温水比冰水密度大，流入了杯子中；密度最大的水充满了杯子，在那里可以测量它的温度。他发现杯子里装满了41华氏度的水，相当于大约5摄氏度（现代测量给出的水的最大密度时的温度为4摄氏度，所以他以其当时的设备做得相当好了）。

这引发了一个问题，为什么水会有如此表现呢？答案就在于氢键的性质。虽然只有在20世纪20年代量子理论发展之后，人们才对氢键有了正确的理解，

拉姆福德
阿贝卡斯图集／科学图片库提供图片

但你可以大致了解氢键的一般性质。这取决于氢原子是所有元素中最简单的这一事实，它只有一个围绕带正电的质子做某种意义上的轨道运动的带负电的电子。[1]当原子彼此共享电子形成连接时，它们可以结合形成分子，并且有些构型特别受到量子规则的青睐。例如，一个氢原子"想要"有两个电子，因此它会急切地与任何其他有一个电子可以配对的原子伙伴结合在一起，形成一个分子，在它们之间共享两个电子。由于量子规则影响配对的方式，这只对某些伙伴才有可能。例如，碳原子可以形成四个键，氧原子可以形成两个键，氮原子可以形成三个键。但当氢确实以这种方式形成键，电子在某种意义上在质子和另一个原子之间形成了一座桥梁，如此一来每一个质子的另一面都暴露在外，且不会屏蔽其外部的负电荷。这意味着，它可以与带有多余的负电荷（除了那些被用于形成正常链的电子）的原子形成较弱的连接。这只发生在氢原子上；其他原子的原子核会被不包含在常规化学键形成中的额外电子所屏蔽。但正是这些过剩的电

1　只是在某种意义上。因为量子物理学告诉我们，电子的行为不完全像微小的粒子，但也有类似波的性质。

子为原子提供了形成氢键的另一端的机会。

尽管氢键可以在其他分子间形成（尤其是在DNA中，以及在使蛋白质分子具有有趣和重要形状的连接中），但与水有关的氢键特别强大，而且对我们来说尤其重要。水分子（H_2O）由两个氢原子和一个氧原子组成。每个氧原子核包含八个质子，因此原子核周围的电子云中有八个电子。因为其中只有两个与氢原子键有关，所以电子云中有六个独立的电子。这些电子为附近水分子中部分暴露的氢原子核提供了电吸引力。[1]

水分子中的每个氧原子可以这样形成两个氢键，而在水分子的另一侧，每个氢原子可以与相邻水分子中的氧原子单独形成一个氢键。如此一来，就产生了四种成键的可能性，这使得在每个水分子周围的四面体排列的氢键得以形成，进而在固体中产生开放的晶体结构（想一想雪花），同样也使得水分子在液体中移动时相互牵扯。这就是为什么在地球上所有令我们感到舒适的温度下，水都是液态的。

---

[1] 由于量子力学层面的原因，它们不能形成"适当的"键，而这超出了本书的范围。

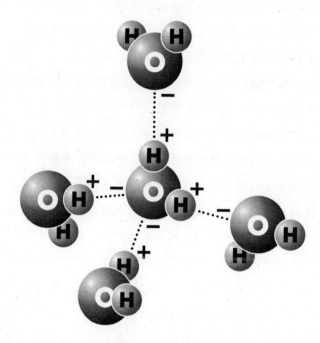

水分子的氢键

在其余条件（特别是压力）相等的情况下，一种物质是固体、液体还是气体，取决于温度。温度越高，组成物质的粒子（原子或分子）拥有的能量越多，移动的速度就越快。在足够高的温度下，它们自由地四处飞行，相互碰撞，并在任何盛装的容器壁上弹跳。在较低的温度范围内，它们虽几乎触碰在一起，而仍有足够的能量彼此滑过。在更低的温度下，它们就几乎不能移动了，只能原地慢跑，形成固体。较重的分子需要更多的能量使其移动得更快，因此总的来说，由较重分子构成的物质融化和蒸发的温度，应该比含有较轻分子的物质更高，除非原子连接在一起形成了晶体或其他阵列，例如固体碳。通过将水的特性与重量和与水分子大致相同、甚至更大的分子所组成的物质的特性进行比较，可以看出水的特性。

就单个氢原子有一个质量单位而言，氧拥有16个单位的质量，所以一个水分子（H_2O）有18个质量单位。另一种很常见的分子二氧化碳，是由两个氧分子与一个质量为12的单个碳原子结合而成，所以它的总质量是44个单位。然而，二氧化碳在室温下是气体，水却是液体。硫化氢（质量34）、甲烷（质量16）和二氧化氮（质量46）等，都是室温下的气体。

水只有处于地球表面的条件下才是液体，因为氢键使水分子变得黏稠。即使水分子以气体的形式运动，氧分子之间的吸引力也不足以使它们减速并形成永久的氢键，氢键效应仍然有影响。在液态水中，虽然相邻分子之间的距离足够大，分子的能量也足够大，以至于试图形成的氢键被拉伸和破坏，但氢键仍然会暂时形成。在气体中，当温度降到沸点100℃时，这种效应会更强；在液态水中，如果没有氢键效应，水分子之间的距离会更近。而当温度接近冰点时，效应是巨大的。

可以料想，当温度降到4℃左右时，随着水的冷却和分子运动趋缓，水的密度却增加了。4℃时的水比接近沸点时的密度增加了约4%。但当低于4℃时，水分子的移动非常缓慢，它们开始以冰的典型四面体模式排列自身。甚至，正如拉姆福德所观察到的那样，在它们形成永久性晶体之前，就降低了液体的密度。当固体冰形成时，它会浮在水面上。还有其他一些物质可以形成富于空间的晶格，并在接近冰点时膨胀，这些物质包括乙酸、硅、镓和铋（如果你想冒险做实验的话）。但是水对地球上的生命至关重要，而冰的不可思议之轻可能是我们存在于此的主要原因。

氢键有几个优势或许并非不明显。例如，它可以让像我们这样的动物通过出汗来降温，因为水分子之间的氢键需要大量的热量来打破，以使水蒸发（在炎热的日子里，蒸发汗液所消耗的能量有助于我们降温）；而陆地附近的大片水体，在温度高的时候可以吸收热量，在温度低的时候可以放热，从而缩小了海洋附近温度变化的范围，使夏天相对凉爽，冬天相对温暖。这不仅仅为今天的沿海居民提供了便利。正是氢键效应使得即使在温度降至冰点以下也能存在大量的水，因为水面上的一层冰起到了保温层的作用，使水在冰面下保持为液体。如果没有这种效应，从地质记录来看，我们这颗行星可能是一个冰冻的、没有生命的冰球。

如果氢键不存在，地球上当然就不会有液态水了。但想象一个足够冷的星球，虽没有氢键的帮助，却也存在液态水。当天气冷到足以结冰时会发生什么呢？冰的密度比液态水大，进而会沉到海底，这将使海洋的上层暴露于寒冷，因此更多的水将冻结并沉入海底。很快，整个海洋或湖泊都将被冻结为固体。地球上所有的水系都会发生这样的情况。要解冻这样一个冰冻的星球将是非常困难的，因为闪亮的白色冰面会反射走太阳的热量。像我们这样的生命在这种情况下是不可能存在的。而即使有氢键的助益，地球在其漫长的历史中也经历了不止一次的"雪球"事件。

岩石上的创痕，以及不同时期沉积在海洋中的各种沉积物的地质证据告诉我们，地球在大约 25 亿年前被完全冻结，在 7 亿至 6 亿年前的某个时期又再次被冻结。可能还有其他类似的事件，但证据并不确凿。没有人知道是什么导致了这样的事件，相关的推测包括：地球大规模的火山爆发将物质抛向大气层，使得地球表面屏蔽了太阳热量的影响，或是太空中小行星之间的碰撞，使尘埃扩散到太阳系内部，从而形成了一个太阳的屏障。但重要的一点是，一旦由于行星闪亮表面的反射而发生如此大规模的冰冻，解冻就很难了。事实上，闪亮的冰并不是雪球地球的一幅美好的图景。气候如此寒冷，微小的冰晶会在干燥的大气中形成，进而落在地表，像钻石粉尘一样闪闪发光。

这种局面的结束，几乎可以肯定是由于空气中积聚的二氧化碳通过温室效应使地球变暖而造成的。在当今地球的现存条件下，温室气体是由火山喷发出来的，但是二氧化碳溶解在从岩石中穿过的水里，其中的化学反应吸收二氧化碳并将其用于制造石灰石等岩石。这种风化作用有助于保持自然的平衡。如果地球稍微变暖，海洋的蒸发量随之增加，雨水和风化作用就会增强，从而吸收空气中的二氧化碳，温室效应就会因此减弱，世界也会由此降温。但当世界稍冷时，情况就正好相反了。人类活动正在破坏这种平衡，如果没有人类，地球的温度数百万年来一直稳定在一个相对狭窄的范围内，而这主要是由于氢键赋予了水不同寻常的特性。

在雪球时期，地球是如此寒冷——赤道地带和今天的南极洲中心一样寒冷，基本上没有风化作用，以至于二氧化碳会积聚起来，导致在很长一段时间内温度持续上升，地球开始解冻。随着冰层的退却，黑暗的地表显露出来并吸收太阳的热量，从而进一步提高了温度。但地质学家们估计，在经历了持续数千万年的雪球期之后，大解冻必须要几百万年才能够完成。这种解冻可能是我们得以存在的一个主要因素。

25亿年前的雪球地球事件（如果这是一个正确表述的话），与地球生命史上最重要的进展之一相吻合。那就是在世界再次变暖之际，第一批进化而成的以二氧化碳为食物并通过光合作用释放氧的生物（被称为蓝藻的单细胞生物），向空气中释放了大量的氧气。这促成了双重进化的优势。对以前的有机体来说，氧是一种毒物，必须以能量为代价将其锁在无害的化合物中。但新物种不仅可以靠氧气生存并节约能源，而且通过释放氧气毒害了所有的竞争对手。这对物理环境的影响同样巨大。空气和海洋中游离的氧与铁化合物发生反应，形成巨大的氧化铁沉积物，后者存在于世界各地的岩石中，而这一过程被称为"带状铁的形成"。由于光合作用生命的扩张，当世界从雪球状态变暖时，也变得锈迹斑斑了。一如当世界变暖，当生命自雪球地球时期幸存下来的生态位迸发之时，一次重大的进化飞跃就发生了。这真的是巧合吗？或许不是，尽管我们可能永远无法确知。

对最近的雪球期行将结束时地球上的生命是如何爆发的，我们现在有了更好的认识，而且有了更有力的证据去证明，正是解冻促进了进化。

环境压力能够通过杀死成功的物种，并允许幸存者（假设有的话）通过适应和进化来取代前者的位置来促进进化。一个典型的例子：6500万年前恐龙的灭亡留下了空白的生态位让哺乳动物去填补和适应，最终产生了我们人类。但恐龙之所以能立足于地球，只是因为6亿年前发生的一切。

这一切发生在生命从海洋移到陆地之前，也就是说，在雪球中幸存下来的物种一定分布在罕见的温暖地域（可能与火山区有着关联，那里的坑洞中有液态水）——这让人想起达尔文那温暖的小池塘。这些幸存者包括细菌和较大的单细胞生物，如藻类。在这一切发生的前后，最早的多细胞生物（还有像海绵一样的生物）就进化了出来。这正是你对一个与世隔绝、温暖的小池塘所能期待的那种发展。在那里，新的"想法"可以有一个开始，而不会冒着被竞争对手吃掉的风险。但就在解冻之后，事情开始变得非常有趣了。大约在 5.7 亿年前，多细胞生命剧烈增殖，以至于这一点被广泛地视作地质时代新纪元——寒武纪——开始的标志。这常常被称为"寒武纪大爆发"。多细胞生物由于其进化优势而扩张，海洋中种类繁多的复杂生物在这个时期也得以进化。地质学家把寒武纪之前的一切都归为前寒武纪——大约35亿年的地球历史，在此时期，生命仅由单细胞生物作为代表。寒武纪爆发以来的数亿年，几乎包含了对多细胞生物来说至关重要的一切。生命从海洋移到陆地上，地球产生了恐龙、橡树、兰花和我们人类等多种多样的生物。这一切都是从最近的雪球地球解冻融化之后开始的。

自所有这一切之中，可以带出两个信息。首先，从人类的角度来看，氢键是科学最重要的支柱。它关涉生命之所以可能的分子（确切而言是生命之水）。第二个信息是，生命会受到诸如雪球地质时期等的巨大影响。如果没有 7 亿到 6 亿年前的雪球事件和随后的寒武纪大爆发，我们就不会在这里。而且，在解释像我们这样的生命形式如何在地球这样的星球上出现时，这并不是人们遇到的唯一瓶颈。

结语

瓶颈：或许我们是孤独的

关于我们在宇宙间的地位，科学的七大支柱能告诉我们什么呢？导致地球上出现生命的步骤是清楚明白的，它们也表明生命在宇宙中甚为常见。但是，像我们这样拥有科技文明的智慧生物的存在的可能性就不那么清楚了。技术的资格很重要。根据许多标准，鲸鱼和海豚和我们一样聪明，但它们不能建造射电望远镜和宇宙飞船；如果我们要与宇宙中其他有智慧的生命接触，就将意味着与拥有技术的生物接触。从现在开始，如果我提到没有技术资格的智慧生命，那么指的就是那种生命。所以，缘何是**我们**存在于此，而不"只是"海豚和鲸鱼、蝴蝶和橡树抑或恐龙呢？

仅仅举一个关于某个星球上存在这种智慧生命的例子，不足以做出明智的概括。然而，我还是要这么做。我们的存在的一个显著特征，就在于人类的出现花了多长时间——无论是从宇宙的年龄还是从地球的年龄来看。太阳系形成于大约45亿年前，那时距宇宙自大爆炸中诞生大约过去了90亿年。太阳及其恒星家族的形成花去这么长的时间是有原因的。第一批恒星只由氢和氦构成，并没有与之相关的重元素可以形成行星。一代又一代的恒星必须在它们的生命周期中运行，将较重的元素散布到星际空间，直至在形成了太阳和行星的尘埃云中积聚起我们在太阳系中所发现的那一小部分物质。天文学家们利用对恒星演化方式的了解，以及对银河系（我们在太空中的岛屿）的观测，计算出存在一个"银河宜居带"（Galactic Habitable Zone），即 GHZ。

太阳是银河系这一盘状恒星群的一部分，后者直径约 10 万光年，厚度约 1000 光年。在靠近银河系中心的地方，有许多恒星距离相对较近，其中一些恒星以超新星或千新星的形式爆炸，由之产生大量的重元素，它们可以在后代恒星周围形成行星，但这些爆炸所产生的辐射对生命极其有害。距离星系中心越远，恒星就越少，重元素积聚的机会也越少。但在距离银河系中心大约 26000 光年的一个环中，大约距今 50 亿年前，重元素已经积聚到我们在太阳系中所看到的浓度，以至于像太阳这样的恒星可能会形成。而我们距离这个 GHZ 的中心很近。

正如我们所见，地球一旦形成，生命几乎就在不甚优雅的匆忙中启动了。但在 30 多亿年的时间里，生命只包括那些生活在地球大海中的单细胞生物。由此推断，即使是在我们宇宙森林的颈部地带的类地行星上，这也是最有可能找到的一种生命。多细胞生命的出现和陆地的集群化是不可避免的吗？抑或它需要一个特殊的事件——雪球地球事件——来触发这些进展？

正如有一个银河系宜居区一样，也有一个恒星宜居区（Stellar Habitable Zone，或者 SHZ），它被定义为恒星周围的区域，像我们这样的生命形式可以在那里生存。依据最简单的经验法则，这一区域的行星表面温度在 0℃ 到 100℃ 之间，在此区间内，由于氢键的作用，液态水能够存在。地球就几乎处于太阳的 SHZ 的中心地带。正如我之前指出的，比地球更靠近太阳的行星——金星，虽然在其他方面是"类地"的主要候选行星，但它太热了。火星作为（比地球）距太阳更远的行星又太冷了，尽管它可能曾经有一个足够厚的大气层，足以使其表面温度达到临界范围。可不幸的是，部分因为它是一颗引力较弱的行星，它失去了大部分的大气层。这导致天文学家想出了另一个他们所钟爱的首字母缩略词 CHZ（Continuously Habitable Zone），即持续宜居区。地球靠近太阳的 CHZ 中心，CHZ 至太阳的距离区间仅比我们近 5% 或远 1%。重要的一点是，从我们这种智慧生命在地球上出现的时间来看，一个星球确实必须是持续宜居的——至少要保持数十亿年，才足以产生科技文明。即使火星上曾经有生命，也永远没有足够的时间进化出像我们这样的生物。相较于那些围绕其他恒星运行的新发现行星的令人兴奋的头条新闻，这些都是令人清醒的考虑。

这些行星所处的轨道，也暗示着我们的太阳系有一些不同寻常的东西。"我们的"行星以大致圆形的轨道围绕太阳运行，它们之间的距离足够远，彼此之间没有太大的影响。但在其他行星系统中，轨道往往更偏向椭圆——这一规律对于类似木星的巨型行星尤其适用。木星是我们太阳系中最大的行星，研究起来更容易。要理解行星是如何进入这样的轨道的并不困难，这是它们形成的自然状态；但很难理解我们太阳系的行星是如何进入整齐的圆形轨道的，天文学家们对此仍有争论。然而事实毕竟是，它们的轨道非常整齐。可以想象，如果木星有一个明显的椭圆形轨道（也许在太阳系的各个轨道上移动，像今日的地球一样接近太阳，而后又回到土星的轨道距离），将导致怎样的混乱——它的引力将破坏任何太阳系内行星的轨道，而这些系内行星显然就将无法持续居住了。相比之下，在其实际轨道上，木星似乎是一个有益的影响，它帮助稳定了太阳系并保持地球的宜居环境。

木星的质量是地球的300多倍，具有强大的引力，在太阳系的演化过程中扮演了重要角色。在早期，它参与动摇了行星形成过程中遗留下来的宇宙碎片的轨道，这些碎片导致了第四支柱中提到的晚期重轰炸。在这一过程中，一旦大部分碎片被清理干净，其余的碎片就被木星拖拽到火星和木星之间的合理的圆形轨道上，大部分碎片余留在那里的小行星带。但也有碎片遗留在太阳系的外部，以冰覆盖的岩石物质的形式存在于行星轨道之外。这一区域是彗星的来源，后者行经巨大的行星到达太阳系的内部，然后围绕太阳旋转。当冰状物质被太阳加热蒸发时，彗星就会形成发光的尾巴。木星也捕获了许多这样的天体，否则它们可能会越过地球，甚至与之相撞。这在1994年7月得到了壮观的证明，其时一颗被称为"鞋匠利维9号"的彗星被木星的引力撕裂，碎片撞入了这颗巨大的行星。

即使木星扫荡了大部分的宇宙碎片，仍有一些碎片穿过太阳系的内部。地质证据显示，地球每一亿年左右就会被一个直径至少10公里的天体撞击一次，其规模大约相当于6500万年前我们的星球所受的撞击，

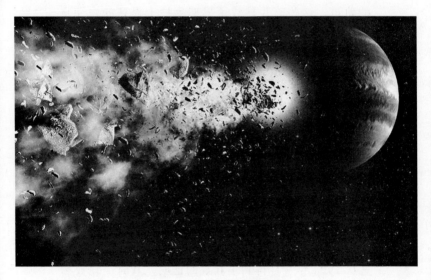

鞋匠利维 9 号与木星的碰撞
201010/ 科学图片库提供图片

它导致了地球上生命的灭绝，其中就包括恐龙的灭亡。那场粉碎性灾难的幸存者，历经那么久远的时间才进化出我们的科技文明。如果没有木星保护我们不受这些事件的影响，类似的撞击大约每10000年就会发生一次。在如此短的时间内，即使任何复杂的生命能够在陆地上存活下来，也是没有机会发展其智识的。

地球上的生命所受到的威胁不仅仅来自外部，同样也来自地球的内部。大约2.5亿年前，地球经历了一次火山事件（这个用词似乎不够强烈！）。此事件持续了约一百万年之久，熔岩的扩散形成了一层厚厚的岩石，它被称为西伯利亚陷阱，横贯现在的——或许你已猜到——西伯利亚。这一事件及其对整个地球大气和气候的相关影响，导致了生命的灭绝。当时约有90%的物种灭亡，进而标志着地质时期的二叠纪时代的结束，三叠纪随之拉开帷幕。

在更近的地质历史中，也有小规模超级火山的证据。其中包括大约70000年前造就了印度尼西亚的托巴湖的那座火山。这是已知的过去2500万年以来最大的火山喷发，它在整个印度次大陆上散布了一层大约15厘米厚的火山灰。当喷发产生的所有物质和气体都处在大气中时，会对气候产生巨大的影响。环境的变化显然对我们的祖先产生了影响。DNA 证据告诉我们，就在印尼火山爆发的时候，地球上所有人口减少到大约一千人。这一点值得重申。地球上的所有人口，也许只有几百对夫妇，只在东非一个与世隔绝的角落里才幸免于难。这数量是如此之少，如果放在今日，任何这般不稳定的孤立种群都将被正式列为濒危物种。但我们咬紧牙关，勉强通过了瓶颈。

这确实是过去 2500 万年中最大的一次喷发，可我们确实活了下来，对此你可能会感到如释重负。但在不久的将来不会有另一场喷发了吗？再想想吧。美国黄石公园下面的整个地区现在都被认为是一座等待着喷发的超级火山。它的爆发是早晚的事，我们只能希望它迟点再来。

凡此种种所传达的信息是明确无误的。地球遭受着反复的灾难，有些来自内部，有些来自外部——我甚至没有提到像"普通"冰河时代这样的事件。在我们的星球上，在两次灾难之间的一段时间里，一个技术文明出现了，但只是初现端倪。也有一些证据表明，我们的星球在这方面特别受到眷顾。在合适的时间出现在银河系的合适区位的太阳系，形成了像地球这样的行星。但在我们的太阳系中，行星的异常排列，特别是木星的有利影响，使得灾难之间的间隔时间变得异常地长。所有这一切是否意味着，生命之事在宇宙间纵然稀松平常，但像我们这般智慧的生命毕竟罕见。难道布鲁诺也错了吗？这得交由你自己回答，但我个人的结论是，我们可能是孤独的。

进一步阅读

简单读物

Richard Feynman, *Six Easy Pieces*, Basic Books, New York, revised edition, 2011.

Steven Weinberg, *The First Three Minutes*, Basic Books, New York, revised edition, 1993.

John Gribbin, *Stardust*, Penguin, London, 2009.

Horace Freeland Judson, *The Eighth Day of Creation*, Cape, London, 1979.

James Lovelock, *Gaia*, Oxford University Press, new edition, 2016.

进阶读物

Alexander Oparin, *The Origin of Life*, Dover, New York, revised edition, 1953.

Linus Pauling, *The Nature of the Chemical Bond*, Oxford University Press, revised edition, 1960.

Erwin Schrödinger, *What is Life?*, Cambridge University Press, 1944（reprinted in 1967）.

高阶读物

Selected Genetic Papers of J.B.S. Haldane, Routledge, London, reprint of 1990 edition, 2015; also available on Kindle.

休闲读物

Fred Hoyle, *The Black Cloud*, Penguin Classics edition, 2010.

译后记

　　寰宇无穷，盈虚有数，前不见古人，后更有来者。"自然"自古就自然地处于人类的思想之地。现代的科学世界图景是历史的产物，其渊源可追溯至古希腊。彼时还无所谓"科学"，纷呈的"科学观"恰恰蕴含于哲学的思考之中。如薛定谔在《自然与希腊人》中所说："古希腊人的哲学至今仍然吸引着我们，因为无论在此之前还是在此之后，世界上任何地方都没有建立起像他们那样高度发达的、清晰明确的知识体系和思辨体系，而且没有导致那种致命的分离。"[1]

　　约翰·格里宾首先将我们带回古希腊。借用康德的话说，彼时的人们还是被自然的襁带牵引而行。来自地外的那颗陨石的火光，照亮了两千四百多年前希腊埃戈斯波塔米的天空，映在阿那克萨戈拉的眼眸里，也给他带去了内心的光亮。爱奥尼亚的这位哲人秉持科学态度对太阳神圣性的否定，使他遭受了不公的驱

---

[1]　（奥）薛定谔：《自然与希腊人》，张卜天译，北京：商务印书馆，2015年，第11页。

逐，但也启迪了两百多年后的埃拉托色尼，为后者更准确地计算地球的半径打下了基础。文艺复兴前后，自然之光使人的肉眼更不满足于庸常的判断，进而使人们将目光投向天际，甚至无畏于宗教强权——火刑架上的布鲁诺，呼出振聋发聩的声音。这声音背后有亚历山大之师亚里士多德的教导，有波兰神父哥白尼的"异端"之思，更有一颗勇于求真的心。正是对美德与自然之关系的思索，催生出自然哲学与道德哲学之间的张力。

世界的宏大和微小，在思想之际只是须臾。理查德·费曼口中的"原子假说"和德谟克利特的"原子论"没有鸿沟相隔，二者之间是人类两千多年来在难言之物上的思想接力。这个过程也是实与虚的问题由虚到实的过程，而科学向来是问虚且务实的。厌恶原子虚空观念的牛顿，以其对自然哲学之数学原理的探究，为自然规划了一幅和谐的图景，但直到20世纪初，原子理论才得以确立。近代以来，观测与计算使科学获得了坚实的地基，人们在为观察语言和理论语言搭建桥梁的同时，也反思着二者之间的关系。显微镜下的布朗运动带来的是人类对无生命之物运动的惊奇，爱因斯坦回归源头的思考和基于阿伏伽德罗常数的证明，才将观察语言真正转变为理论语言，从而为热分子动力学正名。然而，理论语言之虚仍有待科学观察的充实。就科学而言，观察的演进对于理论的演进至关重要。具有天然放射性的 α 粒子的发现成为人类打开微观世界的现代之光，正是汉斯·盖革、欧内斯特·马斯登和欧内斯特·卢瑟福的实验工作，为原子的虚实之争画上了句点，原子虚空的观念才得以被广泛接受。

俗话说，太阳底下无新事，但对其他恒星的物质构成的新发现，却始于对太阳光光谱的探索。19 世纪以来，光谱学为分析恒星光提供了新的技术。20 世纪初的光谱学鉴定，使人类得以突破地日之间的天文距离，测得太阳的元素构成。探微知著，但何以成知？答案仍是光，自然之光和理性之光。这里不得不提及科学史上的一个重要事件。1919 年 5 月 29 日，阿瑟·爱丁顿率领的远洋观测队在西非普林西比岛日全食条件下的观测，证实了爱因斯坦的广义相对论。而七年后，爱丁顿出版《恒星的内部结构》，其研究根基恰恰是爱因斯坦的核聚变理论。日食发生时太阳光被遮蔽，这却为在"黑昼"捕获其他天体的光创造了条件，于是爱因斯坦的理论普照科学理性；爱因斯坦又为爱丁顿研究恒星内部的结构并提出恒星由向内的重力和向外的光辐射压力维持平衡的观点，提供了基础理论支持。

　　格里宾的章节衔接之间每每只有短短几句，却让人明察其用心。从支柱二到支柱三，他看似以种种数据向我们展示宇宙间构成生命的元素的比例，让我们惊叹生命的奇迹，实则是在告诉我们科学研究的意义指向。生也有涯，知也无涯。人作为有智识的生物，其求知探寻终究要回到大地，朝向生命和自身。虽说"生命力"的观念自古就有，却长久处于人类知识的晦暗地带。格物穷理，理却无穷，所以科学因果链条的尽头向来不乏宗教的影子，也甩不掉迷信的尾巴。直至19世纪20年代，弗里德里希·沃勒完成尿素的人工合成，才撼动了人们对生命力观念的执着。马塞林·贝塞洛和比希纳在有机化学领域的卓绝工作最终使活力论成为历史，将科学理性带至对生命何以可能的追问。

　　鸿蒙之境，生命源自何处？从达尔文的"温暖的小池塘"，到"奥帕林—霍尔丹假说"，再到米勒—尤里实验，从氨基酸到核酸，科学迈着坚实的步伐走出了想象的迷雾，进到对宇宙生命起源的演绎。科学对于鸿蒙的叙事既是宏大的，又是微观的：宏大到天体的创始和晚期重轰击（LHB），微小到星际云中的尘埃构成。由此，格里宾自然进入了对促成生命基质形成的能量源泉的叙述。20 世纪 50 年代，受到弗雷德·霍伊尔启发的 B^2FH，使我们理解了碳核共振和恒星内部的 α 粒子携带的能量之间的巧合，解释了对于生命而言至关重要的诸种元素是如何被制造的。碳原子本身只有四个自由电子，却形成了 DNA 等复杂的高分子有机物。如果不存在碳原子核共振的特性，就不可能形成如此丰富的碳——没有碳核共振也就没有生命。因此，碳原子的巧合是科学关于生命可能性解释链条上的重要一环。

20 世纪的生命科学研究是激动人心的，对生命密码的破译甚至跨越了学科之间的界限。薛定谔说："人们通常认为，科学家对某些学科拥有全面而深入的一手知识，因此他不会就他并不精通的论题去著书立说。这就是所谓的位高则任重。"[1]但作为量子力学重要奠基者之一的他还是掷地有声地问出了"生命是什么"，并以此促动了科学界对生命密码的执着探求。地球上

1　（奥）薛定谔：《生命是什么？——活细胞的物理观》，张卜天译，北京：商务印书馆，2014 年，第 3 页。

的生命都是碳基生命，作为遗传物质的嘌呤和嘧啶等物质也都是烃衍生物。伴随着生物化学和医学的研究进展，被称为DNA的"非周期性晶体"的细节得到了破译。进而，DNA分子的双链结构何以可能，成为生命因果链溯源中的关键问题。至此，格里宾才带出了本书副标题"冰难以置信的轻"，从我们日常生活中关于水与冰的经验讲到生命演化的奥秘。

水的性质表现取决于氢键的性质，组成水分子的氢原子是拥有一个质子和一个电子的简单的二体系统。有关氢键的量子力学解释同样应用了现代光谱技术。1913年，尼尔斯·玻尔基于简化的假设计算出氢原子的光谱频率。1925到1926年，薛定谔应用其发明的薛定谔方程，以量子力学分析明晰地阐释了玻尔答案正确的原因。描述氢原子二体系统的薛定谔方程具有解析解，或者说，这方程的解可表达为有限数量的常见函数。满足这薛定谔方程的波函数可以完全描述其中电子的量子行为，所以氢原子问题在量子力学中是最简单的问题，也因此极具重要性。由于此书的科普性质，格里宾没有进一步展开量子力学层面的对氢原子的研究，但他对氢键优势的讲述简单而明晰。氢键既可以是分子间氢键，也可以是分子内的。氢原子以其独有的特性可以与带有多余负电荷的原子形成较弱的连接，这解释了 DNA 何以能够形成其重要的形状。此外，氢键的性质使水得以在海洋里低于冰点的环境中存在，于是地球在经历了数次"雪球"事件后依旧可以留存大量的水。这为生命的演化创造了最基本也最重要的条件，也是格里宾将氢键定为最重要的科学支柱的原因。

科学的支柱促成了现代科学的世界图景的建构，而自然之光和理性之光是这些支柱得以矗立的根源。现代科学已成为人类的理性之光。对于读者而言，一本好的科普著作会为世界观的拼图补上关键的缺块，同时也为连接既有部分提供路径指引。同样作为读者，我认为只有对世界怀有常新的惊奇以点亮内心之光，才能够使自己眼中的科学世界图景日臻完整。

格里宾以一本书的体量达致了一个简单或伤感的结论：我们可能是孤独的。作为宇宙间的智识生命，人类向来走在孤独求索的道路上，但于星火阑珊处回首，我们定能望见科学中那闪耀的群星。

钟远征

2022 年 2 月 22 日

我思，我读，我在
Cogito, Lego, Sum